Dictionnaire insolite de la Floride

Dictionnaire insolite

de la Floride

William Navarrete

COSMOPOLE

Dans la même collection
Andalousie • Argentine • Australie • Barcelone • Belgique • Berlin • Californie • Cambodge • Cap-Vert • Chine • Crète • Cuba • Égypte • Florence • Grèce • Inde • Indonésie • Irlande • Islande • Italie • Japon • Jérusalem • Lisbonne • Londres • Madagascar • Malaisie • Maroc • Mexique • Naples • New York • Norvège • Nouvelle-Zélande • Québec • Roumanie • Russie • Sénégal • Sicile • Sri Lanka • Tahiti • Tel Aviv • Thaïlande • Venise • Vietnam

Bretagne • Pays basque

Variations insolites du voyage

Collection dirigée par Patrick Arfi et Vanessa Pignarre.
Conception graphique : Amélie Pignarre.

ISBN 978-2-84630-122-0
www.editionscosmopole.com – contact@editionscosmopole.com

Romancier, poète et historien d'art, William Navarrete est né en 1968 et vit entre Paris et Nice depuis plus de vingt ans, après avoir entrepris des études d'Histoire de l'art à La Havane et de Civilisation hispano-américaine à Paris. Auteur d'une quinzaine d'ouvrages sur Cuba (dont le *Dictionnaire insolite de Cuba* paru dans cette même collection), il a publié deux romans, *La danse des millions* et *En fugue*, aux éditions Stock. Il a effectué plusieurs longs séjours en Floride, la terre d'accueil pour ses proches.

À ma mère, Elida Hernández,
et à mon amie Ivelín Giró Cortiñas,
résidentes cubano-américaines de Miami

Introduction

S'avançant dans la mer des Caraïbes, la péninsule de la Floride est depuis les premières expéditions des conquistadors espagnols la terre promise où se cachaient, protégées par des marécages impraticables, des richesses insoupçonnées dont les marins rêvaient. Juan Ponce de León, le premier à y accoster, découvrit – non pas la fontaine de Jouvence éternelle dont la quête lui a été adjugée – mais des fleurs colorant l'horizon et parfumant l'air. La « Florida » était née.

Amérindienne et espagnole d'abord, brièvement française, britannique à deux reprises, à nouveau espagnole avant de devenir américaine, la Floride est restée jusqu'à la fin du XIXe siècle un territoire presque vierge où rares étaient les aventuriers qui s'y établissaient. De cet isolement, elle a su tirer profit : le parc des Everglades est aujourd'hui une réserve internationale de la biosphère et sa faune variée, l'une des mieux préservée du continent.

Des plages de sable fin à perte de vue jusqu'aux *keys* ; des forêts denses où cohabitent ours noirs, panthères et alligators aux plaines parsemées de lacs et de rivières aux eaux cristallines, la Floride attire depuis toujours les hommes. Si, par endroits, sa nature est restée intacte, d'importants changements ont bouleversé son paysage. Dès les années 1960, l'oasis de villégiature des hivernants s'est transformée en eldorado pour les populations de l'Amérique latine fuyant les dictatures, les conflits militaires et les crises économiques.

Les passionnés du cosmos s'épanouiront à Cape Canaveral; les plus fantaisistes rejoindront l'univers de Walt Disney; les amoureux de la nature parcourront des kilomètres dans les parcs sans rencontrer une habitation; les amateurs de sports nautiques plongeront entre récifs coralliens et épaves de vieux galions; les accros au farniente se prélasseront à l'ombre des cocotiers et des palmiers sabal. Quant aux inconditionnels de la mode, du luxe et du glamour, ils trouveront les boutiques les plus extravagantes où surgissent les tendances qui ne tardent pas à gagner les quatre coins du monde. Tout cela dépeint parfaitement le Sunshine State: une terre dont les clichés et les décors de carte postale font oublier qu'elle abrite la plus vieille ville des États-Unis; on ignore parfois qu'elle fut le refuge d'écrivains tels Juan Ramón Jiménez, Ernest Hemingway ou Tennessee Williams, et que Miami est un véritable melting-pot des Caraïbes, où l'anglais et l'espagnol ont fusionné jusqu'à former une langue hybride, le *spanglish*, que seuls ses habitants manient sans difficulté...

À chacun d'y trouver son monde rêvé, son paysage vierge ou son lieu sophistiqué préféré. L'îlot perdu et sans nom parmi mille et un *keys*, le navire englouti par l'océan lors du passage d'un ouragan. La trace d'un vaisseau spatial parti conquérir les étoiles. Les rythmes nonchalants des tropiques. Le goût d'un fruit méconnu à l'odeur enivrante. Ou, tout simplement, sa nouvelle terre d'exil.

N.D.E. Les mots suivis d'un astérisque font l'objet d'une entrée.

A

AGRUMES

La culture des agrumes favorisée par le climat chaud et humide de la péninsule fut introduite par les Espagnols dès le XVIe siècle. En 1931, les planteurs déposèrent la marque Indian River Citrus League, du nom de la région devenue le centre de la production. Aujourd'hui, la Floride est le deuxième exportateur mondial d'oranges après le Brésil et la récolte de l'année 2015 a été estimée à 9000 millions de dollars. Sucrés et juteux, oranges et pamplemousses ont acquis une renommée internationale, et leurs jus sont vendus un peu partout dans le monde. Pourtant, ce formidable succès est souvent menacé par des insectes et bactéries, notamment la maladie du « dragon jaune » originaire d'Asie, qui rend les fruits amers et les fait tomber avant maturation, provoquant ainsi la hausse des cours. À Vero Beach, le musée Indian River Citrus expose outils et objets en rapport avec la production des agrumes. L'orange est l'un des symboles de la Floride, comme le montrent les plaques d'immatriculation des véhicules !

AFFAISSEMENTS

L'importante quantité de cavités souterraines du centre de la Floride fait de cette partie de la péninsule une zone à risque d'affaissements du sol. L'érosion naturelle favorisée par les pluies (mais aussi par les constructions démesurées) est à l'origine de ce redoutable phénomène. Certains de ces écroulements ont englouti des maisons entières, des voitures et même des tronçons de rue, laissant d'immenses cratères de plusieurs mètres de diamètre. Le quartier chic de Winter Park, dans les faubourgs d'Orlando*, est l'une des zones les plus affectées par ce mouvement imprévisible du terrain. Dans plusieurs comtés de la région, les propriétaires et locataires sont contraints de prendre une assurance contre ces éventuels dangers.

AL CAPONE

Le tristement célèbre Alphonse Gabriel Capone, surnommé Al Capone, mais aussi Scarface* (Visage balafré), est né à New York en 1899 et décédé dans sa luxueuse demeure de Palm Island, l'une des îles de la baie de Biscayne à Miami, en 1947. La maison, bâtie en 1922, fut achetée par le gangster en 1928 pour 40 000 dollars. Outre des jardins et une superbe piscine longeant la mer, elle possède une petite plage et un port privés. Le parrain de la pègre de Chicago retourna y vivre lorsqu'il quitta en 1939, affaibli par la syphilis, la prison de Lewisburg où il purgeait sa peine après avoir été inculpé pour... fraude fiscale. Récemment restaurée en respectant le goût de l'époque et son style colonial, la maison fut vendue pour près de 8 millions de dollars, et accueille aujourd'hui des tournages.

ANDREW

Dans la mémoire des habitants du comté de Miami-

Dade – du nom du militaire Francis Langhorne Dade, tué en 1835 dans un champ de bataille se trouvant sur le territoire de l'actuel comté lors de la seconde guerre séminole –, Andrew a été l'ouragan le plus dévastateur du XXe siècle. On n'avait pas connu de catastrophe naturelle semblable depuis le célèbre Okeechobee en 1928. Avec une catégorie de puissance 5 sur l'échelle de Saffir-Simpson, accompagné de tornades qui semèrent la destruction de forêts et de maisons, Andrew toucha terre entre Homestead et Key Biscayne* le 24 août 1992 et mit quatre longues heures à traverser la péninsule d'est en ouest. Le paysage de Miami a changé depuis et des arbres centenaires ont été déracinés. Toute une banlieue de la ville a été rasée, et 25 000 demeures et plus de 15 000 bateaux détruits. Les pertes atteignirent 26 milliards de dollars de l'époque.

Les ouragans, appelés cyclones dans certains pays de l'aire caribéenne, sont un phénomène fréquent dans le sud des États-Unis, en particulier en Floride, en Louisiane, dans l'État du Mississippi et en Caroline du Sud. La « saison » débute en juillet et finit vers la fin novembre.

ART BASEL

Le rendez-vous incontournable du marché de l'art contemporain. Art Basel Miami Beach est, depuis 2002, la petite sœur de la grande foire de Bâle, en Suisse. Une fois par an – en général pendant la première quinzaine de décembre –, on y découvre les dernières tendances avec autant d'artistes consacrés que de jeunes qui émergent. L'essentiel des expositions se déroule dans le Miami Beach Convention Center, mais depuis quelques années d'autres espaces satellites, disséminés dans la ville, proposent différents accrochages. Sa situation privilégiée entre l'Amérique du Nord et l'Amérique latine a fait de Miami une destination artistique florissante. Il existe même un quartier, Wynwood Art District, entièrement consacré aux galeries. En parallèle, une manifestation jumelle, Design Miami, accueille les créateurs les plus talentueux d'objets, de meubles et d'accessoires.

ART DECO DISTRICT

Le quartier situé au cœur du sud de Miami Beach entre 6th Street et 23rd Street abrite la plus grande concentration au monde d'édifices de style Art déco. La plupart datent des années 1930 à 1940, et furent conçus dans l'esprit de la deuxième vague Art déco, aussi connue sous le nom de « style nautique » ou Streamline Modern. Tons pastel, reliefs ornementaux, fenêtres et balcons imitant les hublots des paquebots, motifs végétaux, jeux d'angles et courbes arrondies caractérisent l'architecture harmonieuse de cette époque. À l'intérieur des bâtiments, la profusion de fresques, de lustres, les sols carrelés et les décors en brique de verre s'intègrent dans un ensemble où règne la symétrie.

Particulièrement présents à Ocean Drive* et Collins Avenue, ces bâtiments ont fait l'objet d'une campagne de conservation cherchant à les préserver dans leur intégralité. Parmi les meilleurs exemples, on compte les hôtels Breakwater, Essex House, Victor, Delano (le rendez-vous des *beautiful people*, redessiné par Philippe Starck et appartenant en partie à Madonna), Ritz Plaza (devenu Ritz-Carlton), Raleigh, Tiffany, Waldorf Towers (surmonté d'une tourette-mirador circulaire unique en son genre), mais également l'United States Post Office (le bureau de poste), l'épicerie Famous Deli ou les théâtres Lincoln et The Colony, situés sur Lincoln Mall Road*. L'Art Deco District Welcome Center fournit la documentation nécessaire pour en apprendre davantage, et propose des visites guidées d'une heure et demie.

ASTURIENS

Témoin du passé hispanique de la ville, le club des Asturiens (Centro Asturiano) de Tampa fut fondé en 1902 pour accueillir exclusivement les ouvriers originaires de cette principauté d'Espagne qui travaillaient dans les quelque 150 manufactures de cigares d'Ybor City* depuis la fin du XIXe siècle. Réservé aux hommes, il comptait un salon pour les fumeurs, une bibliothèque, une salle de lecture, un théâtre, un gymnase et d'autres pièces réservées aux associés. Classé monument historique depuis 1974, le bâtiment actuel date de 1914 et constitue un bel exemple du style classique *revival*. Le centre accueille aujourd'hui des événements en rapport avec la culture hispano-américaine, concerts, bals et pièces de théâtre.

B

BACARDÍ

En 1959, la révolution cubaine s'accompagna de nationalisations massives. Parmi les grandes entreprises confisquées, la distillerie Bacardí, fondée à Santiago de Cuba en 1862, par le Catalan Facundo Bacardí. Sa famille, impliquée dans les guerres d'indépendance cubaine menées contre le pouvoir colonial, mais également dans des activités altruistes en faveur du développement culturel de l'île, fit ainsi partie de la première vague d'exilés arrivés en Floride. Dès lors, la marque opéra depuis Miami où les deux bâtiments du siège – parmi les plus intéressants de Midtown, au 2100 du Biscayne Boulevard* – ont été dessinés et construits par les architectes cubains Enrique Gutiérrez et Ignacio Carrera Jústiz en 1963. Deux blocs, l'un vertical, l'autre horizontal, qui s'éclaire la nuit tel un vitrail... On remarquera la modernité de l'ensemble et notamment les façades de la tour recouverte de fresques en mosaïques blanches et bleues aux immenses motifs floraux de l'artiste brésilien Francisco Brennand. Cependant, c'est au sein de l'université de Miami que la fondation Bacardí a repris la tradition philanthropique familiale en finançant la création de l'Institut for Cuban and Cuban-American Studies (ou Casa Bacardí), un espace destiné aux expositions, conférences et projections cinématographiques, véritable pôle consacré à la vie cubaine en exil.

BAHAMAS GOOMBAY FESTIVAL

Une importante communauté de Bahamiens, pour la plupart des pêcheurs et des artisans, s'est établie à Coconut Grove* depuis les années 1880. Elle fête ses origines lors du Goombay Festival qui se tient depuis 1976 entre juin et juillet. Les parades de la police royale de l'ancienne colonie britannique traversent les rues du centre, tandis que d'autres cortèges menés par des musiciens et des personnages masqués, richement costumés, animent les festivités. C'est le meilleur moment pour déguster les beignets de conques (ou *conch fritters**), l'une des spécialités de l'archipel. Un autre événement se mêle à ces festivités : le Junkanoo (célébré aux Bahamas à la fin de l'année), dont l'exubérance des déguisements et les prestations éblouissantes surprennent toujours.

BAL HARBOUR MALL

Une succession de boutiques de luxe occupe le centre commercial (*mall*) le plus onéreux de Miami. Situé dans un quartier huppé au nord de Miami Beach, le Bal Harbour Mall a ouvert ses portes en 1965, dessiné par l'architecte Herbert H. Johnson. Depuis, il est devenu le premier centre commercial des États-Unis par le volume des ventes au mètre carré en privilégiant l'opulence – le stationnement y a toujours été payant, une nouveauté lors de son inauguration. Les 64 boutiques du bâtiment donnent sur un patio agrémenté d'une luxuriante végétation tropicale. Il existe également quelques cafés et restaurants, dont certains de cuisine française tels La

Goulue et Savarin, aussi chers que tout le reste. Des navettes gratuites, elles, relient Bal Harbour à Lincoln Road* et à l'hôtel Fontainebleau*.

BARNACLE

La maison la plus ancienne de Miami se trouve au milieu d'un parc verdoyant de deux hectares, au bord de l'eau, dans le quartier de Coconut Grove*, tout au bout d'un *hammock* (une allée d'arbres en forme de voûte). Bâtie par Ralph Middleton Munroe en 1891 sur deux niveaux, selon le style des demeures des Bahamas, elle est entièrement en bois et possède une belle et large façade avec un balcon au premier étage. Le nom anglais *barnacle* qui lui a été attribué provient de la forme de son toit conique en tuiles rouges, semblable à un cirripède, type de mollusque qui vit accroché aux rochers ou aux coques des bateaux, et parfois même collé sur certains mammifères marins. Originaire de New York, Munroe était passionné de bateaux (il dessina une cinquantaine de voiliers) et fut l'un des fondateurs de la ville de Coconut Grove et de son club nautique.

BARTRAM, WILLIAM

Ce naturaliste américain né en Pennsylvanie en 1739 a été l'un des premiers explorateurs de la Floride; il est devenu une référence en la matière pour les scientifiques et même auprès de certains écrivains romantiques. En parcourant la péninsule, il récolta des dizaines de spécimens de la flore et de la faune locales, mais s'intéressa aussi aux populations amérindiennes. Il bénéficia de l'aide et de la complicité du chef de la tribu Alachua qui le surnomma Puc-puggee (« chasseur de fleurs » en langue séminole) lorsqu'il apprit son intérêt pour répertorier les plantes. Une bonne partie de ses recherches seront publiées en 1791 sous le titre de *Travels through North and South Carolina, Georgia, East and West Florida, the Cherokee country, etc.* dont l'édition française, parue chez Corti, a attendu plus de deux siècles avant d'être publiée en 2013.

BAYSIDE MARKETPLACE

Ouvert sur une marina au bord de la baie de Biscayne, le Bayside est le centre commercial par excellence de Downtown Miami. Considéré par certains comme un piège à touristes, il offre néanmoins la possibilité d'embarquer à bord de l'un des bateaux pour faire le tour de la baie. C'est de là que part le Millionnaire's Row Cruise, un bateau de croisière qui propose d'approcher par la mer le monde très fermé des îles Star, Palm et Hibiscus, où se trouvent, souvent à l'abri des regards, les grandes demeures des célèbres milliardaires donnant sur l'eau. Monter sur un de ces gros bateaux est également le seul moyen de voir dans son ensemble le port industriel de Miami, le plus vaste des États-Unis.

BENIHANA

Situé sur l'une des îles de l'archipel de North Bay Village, entre Normandy Isles* et le continent, à North Beach, le Benihana est une véritable institution en matière de cuisine d'inspiration japonaise mêlant les produits de la mer des Caraïbes avec la tradition du lointain Orient. Fondée en 1964 à New York, la chaîne de restaurants possède plusieurs enseignes dans le monde dont celui de Miami Beach, siège de l'entreprise. Les serveurs préparent les plats sur des *hibachi grills* (plaques chauffantes en fer utilisées dans la cuisine style *tappanyaki*) devant le regard captivé des clients. Tout virevolte, voltige et saute entre les mains habiles des cuisiniers, couteaux, assiettes, nourriture et condiments, rendant l'expérience assez unique en son genre. À goûter, le savoureux *hibachi chicken rice*, mais également le succulent *seafood diablo*, un plat à base de calamars, crevettes et coquilles Saint-Jacques accompagnés de légumes et de vermicelles, le tout relevé avec une sauce très épicée.

BIKE WEEK

À Daytona Beach*, une fois par an aux alentours du mois de mars, la Semaine de la Moto – qui a fêté en 2017 son 76e anniversaire – réunit la plus grande concentration de Harley Davindson au monde. On compte alors plus de 200 000 motos et leurs conducteurs dans le carré formé par Main Street, Beach Street, International Speedway et Ormond Beach. Depuis 1937, la présence de gros barbus, de filles pulpeuses en bikini et le bruit assourdissant des pots d'échappement, des jawas et leur défilé incessant marquent cette semaine au rythme de courses en tous genres, parades, expositions et autres spectacles tels du catch féminin. Business avant tout, la semaine génère, à elle seule, plus de 70 millions de dollars de revenus pour le comté de Volusia, dont la marque Suzuki a repris le nom pour l'un de ses modèles. À titre exceptionnel, les motards sont autorisés à rouler sans casque, mais tout débordement est sévèrement puni par la police avide de faire entrer encore plus de sous dans les caisses.

BILTMORE HOTEL

Classé monument historique, il fait partie des hôtels mythiques de la Floride. Situé dans le quartier très chic de Coral Gables*, il fut inauguré en 1926 et dispose de 273 chambres et 133 suites réparties dans 60 hectares d'une nature tropicale luxuriante. L'édifice, dessiné par le cabinet Schultze and Weaver, correspond à un type d'architecture connu sous le nom de Mediterranean Revival*, marqué par la présence d'éléments italiens, mauresques et espagnols. Son clocher, haut de 92 mètres, rappelle la tour de La Giralda, à Séville. Sur son terrain de golf se déroulent nombreux championnats et sa vaste piscine (2 200 m²) a su conserver le charme d'autrefois. Elle était dans son temps la plus grande au monde et un certain Johnny Weissmuler, le futur Tarzan, y était maître-nageur avant de devenir champion du monde de natation! Al Capone* logeait dans la suite Everglades et Bing Crosby, Judy Garland et les ducs de Windsor étaient des habitués. Depuis 1989, l'hôtel est le siège d'une académie culinaire et son restaurant Palme d'Or est l'un des meilleurs des États-Unis.

Une légende raconte que l'hôtel est hanté et peuplé de fantômes des militaires américains décédés durant la Seconde Guerre mondiale lorsque le bâtiment servit d'hôpital et de centre de rétablissement pour les blessés du conflit.

BISCAYNE BOULEVARD

C'est le nom de la route nationale 1 lorsqu'elle traverse Miami en séparant l'est de l'ouest. Au départ de Downtown, on passe par le Bayside Marketplace*, l'American Airlines Arena (un stade de près de 20000 places), la célèbre Tour de la Liberté*, l'opéra de Miami (The Adrienne Arsht Center for the Performing Arts) qui accueille ballets, opéras, compagnies de théâtre et orchestres symphoniques. Tout au long du boulevard, les plus beaux édifices du style MiMo (acronyme de Miami Modernist) s'affichent fièrement comme une réponse locale à l'architecture rationnelle du style International en vogue, depuis la diffusion des idées du Bauhaus aux États-Unis, appliquées à Miami entre 1945 et les années 1960. La plupart se trouvent dans le périmètre entre 50th Street et 77th Street, mais la distance ne permet pas, comme souvent dans les capitales américaines, une visite à pied. Les motels Sunshine (1939), Former Cadillac (1947), Shalimar (1950), Vagabond (1953), New Yorker (1953), South Pacific (1953), Seven Seas (1955), Stardust (1956), ainsi que les restaurants Soyka et Andiamo (l'ancienne station d'essence General Tire) ou encore le siège de Bacardí* font partie des plus remarquables. Quelque peu délaissée malgré ces superbes bâtiments, cette portion du boulevard est plus ou moins fréquentée par des prostituées et des dealers. Un projet de réhabilitation cherche à redorer le blason de ce quartier historique.

BLOODY MIAMI

C'est le titre du quatrième roman de Tom Wolfe,

auteur du célèbre *Bûcher des Vanités*, né en Virginie, résidant à New York et ancien reporter pour des journaux américains dont le *Washington Post* pour lequel il a été le correspondant à La Havane, en 1958. À l'instar des livres de Truman Capote, Hunter S. Thompson ou Norman Mailer, l'enquête policière et les interviews permettent de tisser la trame d'une histoire où sont impliqués les différents personnages. Dans le cas de *Bloody Miami*, l'intrigue se noue avec en toile de fond les ghettos formés par les émigrants de la ville.

BOK TOWER GARDENS

Du nom de son propriétaire, l'éditeur d'origine hollandaise Edward W. Bok, arrivé enfant aux États-Unis en 1870, cette étrange tour fantaisiste, d'inspiration gothique, se trouve sur le point culminant de la Floride, c'est-à-dire sur un promontoire de... 91 mètres ! Elle accueille le tombeau de Bok, mais les jardins environnants font partie d'un parc de 52 hectares, dessiné par Frederik Law Olmsted Jr. (son père avait été le paysagiste de Central Park à New York) et qui constitue l'attraction principale du site. Un concert de 57 cloches, dont le poids varie de 100 kg à une dizaine de tonnes, a lieu tous les jours à 15 heures.

BRADLEY'S COUNTRY STORE

Inauguré en 1927 par la famille Bradley et tenu depuis son ouverture par leurs descendants, ce *deli* doit sa notoriété à l'élaboration d'un type de saucisse fumée et épicée dont les habitants de la région proche de Tallahassee* raffolent. On peut les déguster sur la véranda en bois du magasin en se balançant sur les rocking-chairs tout en admirant les champs verdoyants des environs. La petite épicerie, qui se situe dans les terres des anciennes plantations de coton, est un arrêt obligatoire pour ceux qui se rendent à Goodwood Plantation, une ancienne exploitation bâtie en 1840, près de la route Miccosukee, tracée pour relier les différentes fermes à l'époque des premiers colons. Aux abords du lac Miccosukke, la Magnolia Road est l'une des rares routes non goudronnées de la Floride, comme si le temps s'était arrêté.

C

CALLE OCHO

Cette longue artère qui traverse la ville de Miami d'est en ouest au départ de Downtown est aussi le cœur névralgique du quartier Little Havana*, où se sont installés dans les années 1960 les Cubains* fuyant le régime castriste. Depuis quelques décennies, d'autres Latino-Américains – Nicaraguayens, Honduriens et Salvadoriens essentiellement – ont remplacé peu à peu les premiers immigrants, mais le nom du quartier est resté.

La Calle Ocho, ou 8th Street, regroupe entre 12th Avenue et 27th Avenue l'essentiel des magasins et commerces d'intérêt : manufactures de cigares (élaborés à partir des feuilles importées de la Caraïbe car l'embargo, encore en vigueur, interdit la fabrication de vrais *habanos* d'origine cubaine), salles de danses où l'on évolue sur des rythmes tropicaux (Cuba Ocho, Ball and Chain, La Casa de Tula et, un peu plus loin, le Hoy como Ayer), nombre de galeries d'art, le Tower Theater, quelques cafétérias et petits restaurants à bas prix tels qu'El Pub, El Rey de las Fritas ou El Exquisito.

C'est dans cette partie de la rue que se déroulent les grands rassemblements des exilés cubains, mais également le célèbre Carnaval* de la Calle Ocho, la parade pour la fête des Rois Mages (le 6 janvier) et, entre 13th Street et 17th Street, les « Vendredis Culturels », le dernier vendredi de chaque mois, pour danser et boire en plein air au son de la salsa. En outre, la Calle Ocho est célèbre pour avoir accueilli de nombreux événements inscrits dans le *Guinness Book of Records* : la plus longue conga du monde (cortège de musiciens et de danseurs des rues) organisée par la chanteuse Gloria Estefan* et sa bande, la Miami Sound Machine, qui a réuni en 1998 plus de 119 000 personnes, le cigare le plus long jamais roulé (en 2000), le jeu de domino regroupant le plus grand nombre d'amateurs (au Domino's Park*, en 2008) et la sangria la plus énorme de l'histoire (500 litres, en 2013).

Mais ne vous attendez pas à y trouver des maisons croquignolettes comme dans certaines villes d'Amérique latine, où l'architecture coloniale espagnole se mêle harmonieusement aux constructions modernes. Cette partie de Southwest s'est développée sans grande unité architecturale : le peu de moyens dont disposaient les premiers émigrés ne laissa guère d'autre choix. On se croit en vérité plus dans une banlieue peu attachante d'une quelconque ville sud-américaine que dans un quartier au charme d'antan.

CAPE CANAVERAL

Canaveral – champ de cannes à sucre ou de roseaux, en espagnol – est le nom attribué aux 6 000 hectares de terrain de la côte est de la péninsule, sur Merritt Island, à cause de la présence en grande quantité de roseaux. Mais l'endroit est surtout associé à l'United States Air Force depuis qu'en 1950, une base de lancement de fusées emportant satellites et sondes spatiales, la Cape Canaveral Air Station, y fut implantée. C'est là aussi que la NASA installa en 1962 son centre spatial, rebaptisé un an plus tard Kennedy après l'assassinat du président. Le site accueille l'Air Force Space & Missile Museum, qui expose des anciens lanceurs, des missiles et d'autres objets en rapport avec l'aéronautique. Le complexe destiné aux visiteurs inclut le Rocket Garden où sont exposées les premières fusées et sondes utilisées par l'agence spatiale nord-américaine, ainsi que les reproductions des capsules Gemini, Apollo et Mercury. Un mémorial est dédié aux astronautes décédés lors des plus grandes catastrophes de l'histoire spatiale américaine : les explosions au décollage de la navette Challenger (1986) et de celle de Columbia, à son retour sur Terre, en 2003. Un cinéma en 3D et un simulateur de propulsion permettent de vivre une expérience unique.

Ironiquement, le parc naturel Merritt Island National Wildlife Refuge, créé en 1963, côtoie de près le site et sert de refuge à plus de 300 espèces d'oiseaux et quelque 500 animaux dont des alligators, des cerfs et des lamantins*.

CAPITALE

Comme souvent aux États-Unis, le siège administratif et politique d'un État n'est pas forcément la ville la plus peuplée ni la plus importante. Chef-lieu du comté de Leon, Tallahassee est depuis 1824 la capitale de l'État de Floride. Son nom, en séminole, signifie « vieux champs », et prouve bien que le site de Tallahassee était déjà habité avant l'arrivée du conquistador Hernando de Soto*, le premier à avoir exploré la région. Plus tard, avant que la Floride ne devînt un

État à part entière, elle fut déclarée capitale grâce à sa position à mi-chemin entre ses deux rivales, Pensacola* et St. Augustine*. La fin de l'esclavage fit péricliter son économie et favorisa le déplacement, dès le début du XXe siècle, de la population vers les contrées du sud. De nos jours, Tallahassee accueille deux importantes universités, mais rares sont les touristes qui s'y rendent pour la visiter. C'est en effet l'endroit idéal pour, de bâillement en bâillement, passer les vacances les plus ennuyeuses de votre vie !

CARNAVAL DE LA CALLE OCHO

Sponsorisé par le club Kiwanis, pilier de l'entraide sociale à Miami, le carnaval de la Calle Ocho* se déroule pendant la première quinzaine de mars dans le quartier de Little Havana* depuis 1978. L'événement reçoit plus d'un million de visiteurs et marque un temps fort dans le calendrier des festivités de la communauté latino-américaine de Miami. Des concerts de musique *live*, l'élection de Miss Carnaval, des tournois de domino et de golf, la vente ambulante de plats typiques et des cortèges de danseurs de rue animent ce rendez-vous annuel haut en couleur. Pour sa 39e édition en 2016, l'acteur cubano-américain Andy García* fut élu le roi du Carnaval.

CASINOS

Connue aujourd'hui dans le monde entier pour ses casinos, la Floride a pourtant longtemps été soumise à une loi limitant les jeux d'argent. Depuis 1980, cette activité est devenue le « privilège » de deux tribus d'Indiens* de la péninsule : les Séminoles et les Miccosukees. Exemptés d'impôt et libres d'implanter des salles de jeux dans les terres de leur réserve, ils n'ont pas hésité à acheter des terrains près des grandes villes pour y installer de nouveaux casinos et des salles de bingo. Ce sont les *reservation shopping*, appelés ainsi ironiquement car derrière chaque implantation se trouvent des investisseurs et « conseillers » étrangers. Depuis 2006, les Séminoles qui exploitent les casinos des comtés de Broward et Hillsborough, en Floride, ont acquis le Hard Rock International, la puissante corporation américaine de musique, de restauration et de divertissement présente dans 45 pays du monde.

CELEBRITIES

Les *celebrities*, terme anglais pour évoquer les habitués de la presse du cœur et les personnalités du showbiz, ont toujours choisi la Floride non seulement comme destination de vacances, mais aussi pour y établir leur résidence principale. Des chanteurs célèbres comme Madonna, Lenny Kravitz, Billy Joel, Andy García*, Jennifer López, Gloria Estefan*, Ricky Martin, Julio Iglesias ou Céline Dion (à Jupiter Island), des acteurs tels que Nicolas Cage, Matt Damon, Will Smith, Sylvester Stallone ou John Travolta (dont la résidence à Ocala possède même un aéroport pour garer son Boeing 707) ainsi que des sportifs de haut niveau comme le joueur de basketball Shaquille O'Neal, ont élu domicile dans le Sunshine State qui est, avec New York et la Californie, l'une des parties du monde où l'on trouve le plus grand nombre de personnes médiatisées. À Miami, un tour organisé depuis le Bayside Marketplace*, le Millionnaire's Row Cruise, permet d'approcher par la mer certaines de ces demeures de luxe habitées autrefois ou encore aujourd'hui par ces *celebrities.*

CHRISMUKKAH

C'est une contraction de deux mots: Christmas (le Noël chrétien) et Hanukkah (la fête juive des lumières). En Floride, lorsque cette dernière tombe dans la semaine de Noël, on a pris l'habitude de les célébrer ensemble. Cela remonte à l'origine où on trouvait des familles ayant un parent chrétien et l'autre juif. La fête a été rendue populaire par une série télévisée, *Newport Beach (The OC)*, dans laquelle évolue une famille dont le père est juif et la mère protestante. Alors dans ce foyer interconfessionnel on décide que l'enfant recevra des cadeaux pendant les huit jours de Hanukkah et que le jour de Noël il en recevra d'autres. Seth Cohen, le personnage principal, affirme avoir « inventé la plus belle fête de l'histoire de l'humanité ». Le terme a été déclaré « mot de l'année » par *Time magazine* en 2014. Mais, à Miami, la tradition de fusionner les deux festivités était déjà une pratique courante depuis fort longtemps. Les hôtels accueillant dans un pêle-mêle des personnes de toutes confessions trouvaient normal de laisser pour chacun d'excellents souvenirs, en organisant un réveillon commun aux deux festivités avec sapin décoré et chandelier à neuf branches.

COCONUT GROOVE

Ce repère de hippies des années 1960, d'intellectuels et d'artistes est l'un des coins les plus agréables de Miami. On y trouve la Barnacle House*, la maison la plus ancienne du comté, mais également la Villa Vizcaya* et le centre commercial Coco Walk où se concentrent boutiques, cinémas et restaurants. Streets of Mayfair, un autre *shopping village* beaucoup plus intime, présente une architecture très colorée inspirée des motifs du modernisme catalan à la Gaudí.

Le quartier fut au cœur du développement de Miami car dans les années 1930, l'ancienne compagnie aérienne Pan Am y établit l'un de ses principaux bureaux. Depuis 1954, la Mairie du comté de Miami s'est installée dans le très beau bâtiment de style Art déco, construit en 1934 à Dinner Key. L'église Plymouth Congregational, conçue en 1916 par l'architecte new-yorkais G. Clinton Mackenzie, ainsi que l'Ermita de la Caridad del Cobre* (l'église de la Charité du Cuivre, dédiée à la sainte patronne de Cuba), face à la baie de Biscayne, font partie des lieux emblématiques.

COLOMBIENS

À North Bay Road (Miami Beach), début 2016, lors des travaux de démolition de l'ancienne demeure de Pablo Escobar – achetée par un homme d'affaires français –, les ouvriers ont trouvé, enterré dans le sol, un premier coffre-fort qui s'est mystérieusement volatilisé par la suite, puis un deuxième dont le poids laisserait croire à l'importance de son contenu. Cette fois-ci, l'éventuel trésor est resté à l'abri dans une banque. Il ne sera dévoilé qu'à la fin du tournage d'un documentaire sur l'histoire du trafic de drogue réalisé par l'épouse de l'actuel propriétaire de la villa.

En 1980, le plus grand baron de la coke de l'histoire de la Colombie achète cette propriété au bord d'un canal afin que les embarcations puissent y accoster sans contrainte. Miami était alors le principal port d'entrée de la cocaïne aux États-Unis. Une partie du parc immobilier, détenu depuis par des expatriés colombiens de l'époque, trouve d'ailleurs son origine dans l'argent lié aux narcotrafiquants. Des tonnes de poudre étaient acheminées vers la Floride afin que les distributeurs colombiens fournissent les vendeurs au détail sur place. On soupçonne même la participation de Cuba dans ce trafic car le territoire insulaire échappait à la surveillance des polices nord-américaines.

Cependant, la plupart des Colombiens établis à Miami sont le résultat du long conflit armé subi dans leur pays par la population pendant plus d'un demi-siècle depuis 1960, faisant plus de 260 000 morts, 45 000 disparus et 6 millions de déplacés. Ils constituent le deuxième groupe d'immigrants latino-américains du comté, installés essentiellement dans les quartiers de Kendall et West Kendall, à l'ouest de la ville, connus sous le nom de Little Colombia. C'est là que l'on trouve les meilleurs restaurants et boulangeries de l'État. Un festival célèbre chaque 16 juillet, dans le Tamiami Park, le jour de l'indépendance de l'ancienne province espagnole de la Nouvelle-Grenade ; orchestres et chanteurs de *cumbias* et *vallenatos* se produisent lors du plus grand événement culturel de cette communauté.

COLONISATION HISPANIQUE

Territoire espagnol depuis que Juan Ponce de León* a débarqué sur ses côtes en 1513, la Floride faisait avec la Louisiane partie de la Capitainerie Générale de Cuba, appartenant au vice-royaume de la Nouvelle-Espagne. Son premier gouverneur, Pedro Martínez de Avilés, ne prit possession de son poste qu'en 1565 pour y fonder la ville de St. Augustine*, la plus ancienne de l'État. En 1763, les Anglais obtinrent la péninsule en échange de La Havane, qu'ils occupaient depuis onze mois, mais la perdirent en 1784 au profit de l'Espagne lors de la guerre d'indépendance des États-Unis. Melchor Feliú, le dernier gouverneur, dut se charger du déplacement de toute la population hispanique, des Noirs libres et d'une bonne partie des indigènes sous tutelle espagnole vers l'île de Cuba où la ville de San Agustín de la Nueva Florida, aujourd'hui appelée Ceiba Mocha, fut fondée pour les accueillir. La deuxième période d'occupation espagnole de la péninsule se prolongera jusqu'en 1821, lorsque, par le traité Adams-Onís de 1819, la Floride revint aux Américains en échange de la reconnaissance de la souveraineté de Madrid sur le territoire du Texas – un accord qui ne sera jamais respecté par les États-Unis.

Pour certains, l'arrivée massive des Latinos tout au long des vagues successives à partir des années 1950 signifie un retour de bâton pour la politique expansionniste pratiquée au début du XXe siècle par les gouvernements américains. Dès 1933, Roosevelt adopta la politique américaine du bon voisin, mais les États-Unis étaient déjà intervenus militairement à Porto Rico, au Mexique, à Panama, au Honduras, à Haïti, au Nicaragua, à Cuba et en République dominicaine. À ceci, il faudrait ajouter que le modèle de l'*american way of life* s'est également imposé à travers le cinéma d'Hollywood, la télévision et grâce à l'emprise sur l'économie des pays de la région. De nos jours, les Américains les plus conservateurs ne savent plus quoi faire pour stopper ce flux, considéré comme une bombe à retardement: 53 millions de Latino-Américains, selon les dernières estimations du Bureau de recensement, vivent dans le pays (Mexicains, Portoricains, Colombiens* et Cubains* en tête). Rien d'étonnant donc que dans certaines boutiques du comté Miami-Dade un panneau sur la porte indique: «Here we speak english»!

CONCH FRITTERS

Bien que bahamiens, les succulents beignets de conques (mollusques gastéropodes) se préparent à Key West* depuis bien longtemps. Décoquillées et nettoyées, les conques sont mixées légèrement avec un poivron doux, un oignon, un peu de céleri, un œuf, du lait, de la purée de tomate, de la farine, puis un peu de levure, du sel et de la sauce piquante, jusqu'à l'obtention d'une pâte épaisse. Ensuite, on forme des boulettes de la taille d'un gros marron que l'on fait frire dans de l'huile très chaude. Les beignets dorés seront servis accompagnés d'une sauce faite de ketchup et de mayonnaise à laquelle on ajoute du poivre ou du piment. Il existe également le *conch crowder*, une épaisse soupe à base de conques. Plusieurs restaurants affichent la formule «The best conch fritter of the Keys», mais on rapporte que The Conch Shack, dans la rue Duval, est l'une des adresses les plus prisées de l'îlot.

CONCH REPUBLIC

Cette république fantaisiste, à l'image d'autres micronations constituées un peu partout dans le monde, est l'œuvre de l'imaginaire et de l'humour populaires. Son origine est pourtant réelle : elle fut créée le 18 avril 1982 par les habitants de Key West*, exaspérés par les barrages policiers placés sur le seul accès de l'île afin de surveiller le trafic de drogue. Cette frontière artificielle ralentissait la circulation et affectait la fréquentation touristique. Nombre d'habitants secondés par les autorités municipales décidèrent ainsi de faire sécession. Le différent ayant été réglé illico, la république des Conques cessa d'exister, mais la date est restée dans le calendrier des festivités locales. Des passeports, des pièces de monnaie, des drapeaux (le coquillage est représenté sur fond bleu roi) et d'autres souvenirs sont vendus à ceux qui participent à la célébration annuelle de cet acte d'indépendance quelque peu loufoque. Devenir ambassadeur de la république est possible, moyennant la coquette somme de 10 000 dollars, en remplissant quelques formulaires et en envoyant le tout au bureau du secrétaire général actuel !

CORAL CASTLE

À l'image de la folie du Facteur Cheval en France, Edward Leedskalnin, un émigré letton, érigea durant vingt-huit ans, à partir de blocs de corail et de coquillages, cet étrange édifice, situé au sud de Miami, dans la zone de Leisure City. On dit qu'il y travailla seul pendant des nuits entières, mais la technique utilisée pour couper et porter les pierres, pesant parfois plus de 30 tonnes, reste un mystère. Certains affirment qu'il était amateur de magnétisme et que, grâce à son savoir, il pouvait déplacer sans effort ces blocs géants et tailler ainsi plus d'un millier de tonnes de pierre.

Voulant impressionner Agnès Scuffs, la femme qu'il comptait épouser dans sa Riga natale et qui le rejeta, il mit le cap sur la Floride en 1919. Il entreprit alors la construction dès 1923 de Coral Castle, ou Rock Gate Park, car il souhaitait avant tout montrer son exploit aux visiteurs lettons, censés rapporter à leur retour ce qu'ils avaient vu. Il espérait ainsi qu'Agnès accepterait le château comme preuve d'amour, mais elle ne voulut plus jamais rien savoir de lui. Avant sa mort en 1951, à 64 ans, Edward Leedskalnin légua à la Ville l'une des constructions les plus extravagantes que l'on puisse trouver en Floride.

CORAL GABLES

Véritable ville-jardin, la Beautiful City – surnom qui lui a été donné depuis sa création dans les années 1920 par l'urbaniste George E. Merrick – est sûrement l'un des quartiers les plus charmants et élégants de Miami. Considérée comme l'une des premières communautés planifiées du pays, Coral Gables (littéralement « pignons de corail ») est tenue par une association de voisins et propriétaires qui veille en effet à ce que certains principes esthétiques soient respectés par tous. Au charme des demeures fastueuses – conçues pour la plupart dans le style dit méditerranéen avec de la tuile en terre cuite, des balcons en fer forgé et en bois, des loggias s'ouvrant sur des patios, etc. – s'ajoute la luxuriante végétation des jardins, véritables forêts tropicales séparant les maisons. Le visiteur sera émerveillé par le parcours de certaines rues (Coral Way, University Drive, Anastasia, entre autres) où les arbres, plantés des deux côtés, forment de véritables tunnels végétaux.

La Beautiful City est également le siège de l'université de Miami et de son célèbre hôpital. Parmi les endroits les plus fréquentés, on y trouve la Venetian Pool*, l'hôtel Biltmore*, le *mall* Village of Merrick Park, le Lowe Art Museum (ou LAM, premier musée des beaux-arts de Floride) ainsi que le cœur nocturne et commercial de Coral Gables : Miracle Mile*. Sept « villages » imitant l'architecture de pays étrangers sont disséminés un peu partout (Dutch South African, Chinese, Italian Villages), mais également trois districts français (French Normandy, French Country et French City) et le Colonial Village. Quant à ses habitants, près de 50 % sont d'origine hispanique. Depuis 2003, un trolleybus gratuit fait le tour de quelques pâtés de maisons en passant par son artère principale, le boulevard Ponce de León.

COURRIER DE FLORIDE

Seul journal en français créé aux États-Unis en cinquante ans, *Le Courrier de Floride* est le mensuel de plus de 50 000 francophones installés dans les comtés de Broward, Dade et Palm Beach. Tiré sur papier, disposant aussi d'un site internet, il a été fondé en 2013 par le journaliste Gwendal Gauthier, originaire du village breton de Saint-Lunaire. Ses différentes rubriques informent sur les événements culturels, les actualités politiques, économiques, locales et internationales. Dans l'une de ses éditions récentes, il se faisait l'écho d'une bonne nouvelle : la reprise, très attendue, des French Weeks Miami, grand événement français de l'automne (avec plusieurs manifestations réparties sur trois semaines), organisées par la Chambre de Commerce

Franco-Américaine en partenariat avec le consulat de France – celui-ci est logé dans l'immeuble du Conrad Hotel, dans le quartier de Brickell. Autant dire que le mensuel, gratuit et indépendant, sert de lien entre tous les francophones intéressés par la vie de la communauté en Floride.

CUBAINS

Ils étaient déjà nombreux à s'installer en Floride avant le grand exode entraîné par la révolution cubaine de 1959. Au XIXe siècle déjà, Tampa et Key West* étaient le noyau d'exilés politiques de l'île qui s'opposaient à la présence espagnole. Leurs descendants à Tampa sont appelés *tampeños* et ils conservent des traditions datant de l'époque coloniale! Pendant la première moitié du XXe siècle, il était courant de partir vers Miami lorsque, politiquement parlant, les affaires tournaient mal. C'est ainsi que Gerardo Machado, président de l'île entre 1925 et 1933, chassé du pouvoir par une révolution populaire, finit ses jours à Miami, en 1939. Il est enterré dans le cimetière Woodland.

Les grandes dates des exodes vers Miami, cependant, sont postérieures à 1959. Quelque 173 000 Cubains quittèrent l'île pendant les cinq premières années du castrisme, une vague essentiellement constituée par la grande bourgeoise, sans compter quelque 14 000 enfants, nommés alors « Peter Pan », envoyés seuls par leurs parents pour les sauver de la « terreur communiste ». Deux ponts maritimes autorisés par La Havane ont continué par la suite à déverser sur les côtes de la Floride des milliers de gens : Camarioca (en 1965), puis Mariel* (en 1980) avec 125 000 émigrants.

Dernière grande crise, celle des *boat people* en 1994 lorsque 34 000 *balseros* (de leur nom en espagnol) abandonnèrent les rives havanaises à bord de radeaux de fortune fabriqués avec des pneus de camions, des chambres à air ou de simples planches en bois. En 2010, on comptait plus d'un million de Cubains établis en Floride, mais le chiffre total d'exilés tout au long d'un demi-siècle dépasserait les 3 millions. Comme l'a précisé l'écrivain Gustavo Pérez Firmat, Miami est la deuxième ville, après La Havane, où habite la majorité de gens de l'île, mais aussi celle où l'on trouve le plus grand nombre de Cubains enterrés.

Rien d'étonnant donc à ce que le maire de la grande métropole, comme ceux des autres municipalités, soit d'origine cubaine. L'un des représentants du Parti républicain aux élections présidentielles de 2016, Marcos Rubio, est issu de cet exil, et trois Cubano-Américains siègent de façon permanente à la Chambre des représentants à Washington pour l'État de Floride. Deux parmi eux (Lincoln et Mario Díaz-Balart) sont les cousins germains du fils aîné de Fidel Castro ! Les Cubains jouent un rôle essentiel dans le développement économique de Miami, transformant le paysage et l'urbanisme, l'économie, les habitudes alimentaires et même l'accent avec un parler unique, le *spanglish** !

CUBAN FOUNDATION MUSEUM

La collection d'art et de folklore cubains du Musée des Arts et des Sciences (MOAS), à Daytona Beach*, est l'une des plus importantes hors de l'île. Habitués de la station balnéaire durant leur exil entre 1944 et 1952, Fulgencio Batista et sa femme Martha Fernández achetèrent la maison qui avait appartenu à la famille Olds, fondatrice de la marque Oldsmobile. En 1957, ils donnèrent une partie de leur remarquable collection d'objets, tableaux, lithographies et gravures cubaines du XIXe et XXe siècles à la ville. Parmi les peintres représentés, Leopoldo Romañach, Víctor Manuel, Armando Menocal, Amelia Peláez, Mario Carreño et René Portocarrero, considérés comme des maîtres de la peinture cubaine.

CUBAN HERITAGE COLLECTION

Ce fond consacré à la culture cubaine, au sein de la bibliothèque Otto G. Richter de l'université de Miami, est considéré comme le plus riche et le plus complet en dehors de l'île. Il se trouve dans le pavillon Roberto C. Goizueta, en hommage à l'homme d'affaires cubain qui inventa le Coca light (il fut PDG de Coca-Cola de 1981 à sa mort en 1997) et qui légua une somme colossale pour la création de la collection. Avec plus de 50 000 livres rares, des milliers de journaux et magazines, photographies d'archives, manuscrits, cartes, affiches, films et enregistrements, la fondation offre également des bourses d'études et propose des séminaires. Elle fut essentiellement constituée depuis les années 1960 grâce au travail patient de Rosa Abella, Ana Rosa Núñez, Esperanza Bravo de Varona et Lesbia Orta Varona, quatre femmes passionnées par la culture de leur pays d'origine. Des expositions thématiques ont lieu fréquemment dans la salle principale.

CUMMERS GARDENS

Avec son million et demi d'habitants, Jacksonville est aujourd'hui la plus grande agglomération de Floride, mais elle possède peu d'attraits. En 1564, le Français René Goulaine de Laudonnière* y bâtit le fort Caroline*, au bord du fleuve St. John, à 22 km du centre. On peut visiter l'ancien quartier de San Marco (où siège la compagnie théâtrale la plus ancienne des États-Unis), mais aussi les Cummers Gardens, inaugurés en 1961, dont les jardins anglais (de 1903), orientaux et italiens (créés en 1931 par Arthur et Ninah Cummer) sont considérés les plus beaux du nord de l'État.

D

DALÍ MUSEUM

C'est pour le moins surprenant de trouver à St. Petersburg, sur le campus de l'université de la Floride du Sud, la plus grande collection au monde consacrée à Salvador Dalí – en dehors de Figueres. 96 toiles du grand maître espagnol (telles que *Le torero hallucinogène* et *La persistance de la mémoire*), des centaines d'aquarelles et de dessins, ainsi que des objets d'art, quelque 1300 sculptures et des photographies font partie de l'ensemble réuni par l'industriel Albert Reynolds Morse et sa femme Eleonor dès l'année 1943. Amis de l'artiste, le couple devint son mécène au point d'inaugurer un premier musée en 1971, en sa présence, à Cleveland dans l'Ohio, où les époux habitaient alors. Mais, face au succès, l'endroit devint trop exigu et il fallut chercher un autre lieu. La ville de St. Petersburg, au bord de la baie de Tampa, qui rappelle le petit port espagnol de Cadaqués où avait vécu Dalí, accepta en 1982 d'accueillir la collection dans son intégralité, seule condition imposée par les Morse dans leur testament, et fit construire un bâtiment dédié. Un nouvel édifice, doublant le premier espace d'exposition des années 1980, capable de résister aux intempéries et aux ouragans de catégorie 5, a vu le jour en 2011. Il fut conçu par l'architecte Yann Weymouth (collaborateur de Pei pour la pyramide du Louvre, à Paris) comme une boîte carrée interrompue par une structure en verre bleutée, ondulante avec ses panneaux de verre triangulaires, qui semble jaillir des murs en béton.

Le parcours inclut des films, des manuscrits, quelques livres rares et nombre de catalogues d'exposition permettant de connaître les différentes facettes du travail du génial artiste.

DAYTONA BEACH

La capitale des sports automobiles est aussi l'une des plus belles plages de Floride. À la célèbre Bike Week*, il faut ajouter la course annuelle de voitures accueillant les grands prix de la National Association for Stock-Car Auto Racing (NASCAR) dont la Daytona 500, les NASCAR Nationwide Series et NASCAR Truck Series ainsi que les compétitions de *karts cross* et de motos, dont la plupart se déroulent sur la Daytona International Speedway, un circuit ovale et un peu triangulaire datant de 1959, mais aussi au sein du Daytona 200 Motorcycle Club. L'intérêt de Daytona pour les voitures est une vieille affaire et date de 1903 lorsque déjà se déroulaient des courses sur les 35 kilomètres de sable dur de la plage d'Ormond. Celles de *stock-cars* (des voitures normales modifiées pour concourir) ont commencé à la fin des années 1930. Durant ces courses, il est même autorisé de rouler et stationner sur la plage en respectant certains horaires et quelques autres réglementations.

Paul Newman, grand amateur de courses automobiles, a remporté plusieurs victoires dans les compétitions de Daytona. Une montre, la Daytona Rolex 6239 en acier, au cadran noir « exotique » et dotée d'un tachymètre précis, est devenue mythique grâce à l'acteur qui la portait lors du tournage de *Virage*, en 1969, dans lequel il incarnait un pilote. Celle-ci s'est vendue aux enchères en 2013 pour plus d'un million de dollars!

DE LUNA, TRISTÁN

Ce Castillan de l'illustre famille des Luna, aussi appelé Tristán de Arellano, participa activement à la colonisation du Mexique sous les ordres de Francisco Vázquez de Coronado avant d'être envoyé à Oaxaca combattre une révolte d'Indiens. En 1557, il reçut l'ordre donné par le vice-roi de la Nouvelle-Espagne, Luis de Velasco, d'établir une colonie en Floride. Il fondera ainsi, deux ans plus tard, dans la baie de Pensacola*, la ville de Santa María, qui sera peu de temps après dévastée par un ouragan. L'expédition tourna à l'échec et Tristán de Luna, blessé, dut revenir sur ses pas et abandonner sa mission. Des restes archéologiques de cette première colonie ont été découverts par une équipe de l'université de Floride dans le quartier historique de Pensacola.

DE SOTO, HERNANDO

Conquistador espagnol né en Estrémadure, Hernando de Soto fut l'un des personnages les plus marquants de l'histoire du continent américain; il fut le seul de toute la conquête castillane des Amériques à laisser à une femme (la sienne), Inés Isabel de Bobadilla y Arias-Dávila, la responsabilité du contrôle d'une ville (La Havane) pour pouvoir accomplir ses rêves de conquête. Désigné gouverneur de La Havane, il quitte l'île de Cuba en 1539 pour conquérir la Floride à la tête d'une armée de quelque 700 hommes et 9 navires. À la recherche d'« El Dorado », il débarque dans la baie de Tampa et poursuit sa route vers le nord semant la désolation chez les populations indiennes de la région. L'expédition parcourt plus de 6000 km jusqu'au fleuve Mississippi où de Soto meurt de fièvre en 1542, après avoir arpenté les terres du sud des États-Unis sans tomber sur les trésors escomptés. Elle aura perdu plus de la moitié de ses hommes sans parvenir à fonder de villes sur ces territoires hostiles. En Floride, deux comtés – De Soto et Hernando – portent le nom du chef de guerre espagnol dont l'apport principal a été l'introduction de chevaux et de porcs.

DESIGN DISTRICT

Quelques pâtés de maisons de Midtown Miami, longtemps oublié et hors du « circuit touristique », ont été repensés depuis une vingtaine d'années pour y créer un espace urbain où les dernières créations de la mode, de l'art, du design, de la gastronomie et de l'architecture seraient mises à l'honneur. Le lieu est né dans une partie de l'ancien quartier de Buena Vista grâce à l'idée d'un promoteur originaire de Miami Beach, Craig Robins, et de sa société immobilière DACRA, parmi les premiers à s'être lancés dans la redynamisation de l'Art Deco District* de South Beach, dès la fin des années 1980. Rivalisant avec le luxueux centre commercial de Bal Harbour*, le Design District est devenu un *mall* haut de gamme à ciel ouvert où les anciens entrepôts (*warehouses*) ont été rénovés avec goût et transformés en boutiques ou en restaurants. À côté des grandes marques de luxe internationales, on est porté par l'architecture futuriste de Richard Buckminster Fuller avec son dôme géodésique (le prototype du Fly's Eye Dome a été enrichi avec des matériaux nouveaux), les œuvres d'art de Xavier Veilhan (notamment son buste en fibre de verre du Corbusier, plus grand que nature, un stylo à la main, en train de dessiner imagine-t-on à son bureau, et donc à même le sol) et du designer industriel Marc Newson (la clôture DASH de vagues ondulant au passage des gens selon un effet d'optique), la collection d'art contemporain De la Cruz Art Space, mais aussi quelques bâtiments originaux signés Sou Fujimoto et Keenen Riley. Le quartier accueille également certaines des manifestations de la célèbre foire Art Basel*.

DISNEY WORLD

Voir Walt Disney World Resort.

DOMINO'S PARK

À Miami, au cœur de Little Havana*, dans la première partie de la Calle Ocho* (au niveau de 15th Avenue), un étonnant jardin perpétue depuis 1976 l'un des jeux préférés des Cubains* : le domino. Le Domino's Park a pris le nom de Máximo Gómez, un général de la guerre d'indépendance cubaine né en République dominicaine. Une fresque représentant le sommet des Amériques de 1993 sert de toile de fond aux joueurs, pour la plupart issus de la première vague d'exilés cubains. Parmi les règles de discipline à observer, affichées sur un panneau : l'interdiction d'ôter la chemise ou de porter un débardeur, de jeter des déchets par terre, de crier ou de cracher. Les tongs sont aussi défendues, les gros mots bannis, de même pour les armes blanches ou à feu. Quiconque enfreint le règlement se verra privé de jeu entre deux et quatre semaines selon la gravité de la faute !

DOS PASSOS, JOHN

S'il est né à Chicago, au sein d'une famille d'origine portugaise, on doit à cet écrivain (1896-1970) dit de la génération perdue la présence d'Ernest Hemingway* à Key West*. Assidu depuis 1924 du petit îlot où il se réfugiait lors des rudes hivers new-yorkais, il recommanda le lieu à son ami qui y arrivera quatre ans plus tard, et avec lequel il prendra l'habitude de pêcher. Dans les années 1960, après le suicide de « Papa Hemingway », Dos Passos continua à fréquenter Key West, devenue une sorte de petite capitale de la littérature où se donnaient également rendez-vous Truman Capote, Jim Harrison, Hunter S. Thompson ou encore... Bob Dylan.

DUFFY'S TAVERN

Inaugurée en 1955, la très irlandaise Duffy's Tavern Sports Grill, à l'orée de Coral Gables* (57th Avenue et 21st Street), à Miami, se vante de préparer l'un des meilleurs hamburgers de la ville et fait partie des plus célèbres *sports bars* du comté. Dans la salle, plus de 20 écrans de télévision transmettent les compétitions sportives du moment. Vous serez étonné par les bouteilles de bière qui pendent du plafond, mais aussi par le grand nombre de bibelots accrochés aux murs. Sans compter qu'on y sert les mousses les plus fraîches de la ville !

DUNAWAY, FAYE

Née en 1941 dans le hameau de Two Egg, près de la petite ville de Bascom (comté de Jackson), Faye Dunaway a eu son premier succès avec sa participation dans le film *Bonnie and Clyde* (1967) d'Arthur Penn. Celle qui a fait ses études au Collège de Tallahassee* et à l'université de Floride (Gainesville) se considère comme une *southern woman* (une femme du sud) dont l'élégance, la grâce et la force de caractère sont, à ses yeux, des caractéristiques innées. Elle poursuivra ses études à Boston, et devient par la suite l'une des icônes féminines d'Hollywood en jouant des rôles de femme à la fois dure et sensuelle. Tout au long de sa carrière, on la retrouvera dans de nombreuses séries télévisées et plus de 50 films parmi lesquels *Little big man* (1970), *Chinatown* (1974), *Les trois jours du condor* (1975), *Network* (Oscar de la meilleure actrice en 1977), *Arizona dream* (1993) et *Jeanne d'Arc* (1999).

E

EDEN ROC HOTEL

Cet incontournable du style MiMo (Miami Modernist) fut dessiné en 1956 par l'architecte Morris Lapidus* pour contrecarrer en quelque sorte l'importance de son voisin, l'hôtel Fontainebleau*, dans lequel il avait utilisé des éléments de l'architecture française. L'établissement est né d'une dispute entre Ben Novack, propriétaire et commanditaire du premier, et l'architecte new-yorkais qui s'allia dès lors à un autre promoteur immobilier, Harry Mufson, ennemi de Novack. Pour se venger, le propriétaire du Fontainebleau fit ériger un très haut mur afin d'empêcher les rayons de soleil de parvenir jusqu'à la piscine de l'Eden Roc. Celui-ci servit de décor à quelques épisodes de l'une des premières séries à succès des États-Unis, *I love Lucy*, mais aussi au film avec Sean Connery, *Just Cause*. Restauré en 2008, il a conservé l'esprit des années 1950 et continue à être considéré comme l'un des établissements hôteliers les plus réputés de Floride. Le nom Eden Roc est un clin d'œil à l'un des grands palaces de la Côte d'Azur : l'Eden Roc du cap d'Antibes.

EDISON & FORD WINTER ESTATES

Édifié par Thomas Edison, dans la localité de Fort

Myers, le bâtiment est l'une des premières constructions en préfabriqué des États-Unis. Edison en personne s'était occupé du transport, depuis Boston, des modules qui allaient le configurer. C'est là que ce grand inventeur, dépositaire de quelque 16000 brevets, entreprit une bonne partie de ses expérimentations sur le caoutchouc, sur commande du puissant industriel américain Harvey Firestone, le roi des pneus. Le figuier banian de 120 mètres de diamètre exposé dans le musée, que l'on visite pour découvrir les inventions d'Edison, fut un cadeau que son commanditaire lui offrit en 1925. C'est dans la demeure coloniale du début du XXe siècle que se retrouvaient industriels et inventeurs de l'époque. «The Mangoes», la petite maison d'en face, sur McGregor Boulevard, a appartenu à Henry Ford, le magnat de l'automobile, qui a aussi vécu à Fort Myers et avec qui Edison était très lié.

ÉPAVES DE BATEAUX

Véritables cimetières de navires, les fonds marins de la Floride regorgent d'épaves de galions espagnols échoués lors de leur retour de La Havane (où ils se regroupaient pour faire cap ensemble vers l'Espagne et mieux affronter les pirates). Tempêtes, batailles navales, actes de piraterie ou erreurs de navigation ont été les principales causes des naufrages. Ces bateaux font l'objet de recherches intenses par des équipes de plongeurs capables de dénicher bijoux, objets précieux et lingots d'or encore contenus dans les soutes. La loi, en Floride, laisse 75 % des richesses englouties à celui qui les découvre. L'entreprise Odyssey Marine, spécialisée dans ce type de recherches, a ainsi exposé des pièces de monnaie, des lingots d'or et autres objets précieux trouvés dans le bateau espagnol *Buen Jesús*, quand il fut découvert près des côtes des îlots de Dry Tortugas en 1989; il avait coulé à cause d'un ouragan en 1622 alors qu'il faisait route vers La Havane.

Près de Vero Beach, à Sebastian Inlet, le MacLarty Treasure Museum montre les pièces et objets retrouvés dans l'épave d'un galion appartenant à une flotte de onze navires naufragés lors du passage d'un ouragan, le 31 juillet 1715. Non loin, le Mel Fisher's Treasure Museum renferme, quant à lui, les «butins» du célèbre chasseur de trésors Mel Fisher, devenu riche lorsqu'il découvrit, en 1985, l'un des trésors les plus recherchés au monde: celui du *Nuestra Señora de Atocha*, coulé lui aussi à cause d'un ouragan en 1622. Cinquante tonnes de pierres précieuses, d'argent et d'or d'une valeur estimée à 300 millions de dollars se trouvaient dans sa cale.

ERMITA DE LA CARIDAD

Cette étonnante construction en forme conique située sur la rive ouest de la baie de Biscayne, à Miami, est le principal lieu de culte catholique du sud de la Floride. L'église est consacrée à la vierge de la Charité du Cuivre, sainte patronne de Cuba. Une première chapelle fut consacrée en 1967 avant la construction, six ans plus tard, de l'actuelle. À l'intérieur, une nef circulaire accueille, derrière l'autel, une grande fresque peinte en 1977 par l'artiste Teok Carrasco, originaire de Mayarí, dans l'ancienne province cubaine d'Oriente. Elle représente 67 personnalités historiques parmi lesquelles on peut identifier Christophe Colomb et quelques héros de l'indépendance cubaine, tels José Martí, Carlos Manuel de Céspedes, Vicente Aguilera, Ignacio Agramonte etc., ainsi que Mgr Eduardo Boza Masvidal, le dernier évêque de La Havane avant l'expulsion des 135 prêtres ordonnée par Fidel Castro en 1961.

Chaque 8 septembre, jour de sa commémoration, se tient une procession maritime où l'on promène en bateau la vierge de la Charité dans la baie. En 2012, une modeste réplique (d'environ 100 mètres de long) du *malecón* de La Havane (le mur qui protège sa promenade maritime) fut érigée au bord de la mer, derrière l'église. En 2015, presque un an avant son voyage à Cuba, le président Barack Obama y est venu pour rendre hommage aux Cubains* ayant fui l'île en quête de liberté.

ESCALANTE FONTANEDA, HERNANDO DE

Son histoire est peu connue, mais Hernando de Escalante Fontaneda est l'un des personnages clés de la conquête de la Floride. Capturé en 1549 à l'âge de 13 ans par les Indiens* après le naufrage de son bateau face aux côtes méridionales des *keys**, il sera le seul épargné et vivra en captivité dix-sept ans chez les Calusas. Sauvé en 1566 par Pedro Menéndez de Avilés, le premier gouverneur de la Floride (une autre version affirme que ce fut par des huguenots de fort Caroline*), il fut son interprète auprès des Indiens puis retourna en Espagne et écrivit ses mémoires, inédites en français, *Memorias de las cosas y costa y indios de la Florida*. Il fut le premier Européen à mentionner la ville de Tampa*. On lui doit le mythe de la présence en Floride de la fontaine de Jouvence qui amena ici Juan Ponce de León*. Pour des raisons inconnues, Escalante, voulant discréditer le célèbre conquistador de la Floride, lui attribua la quête d'une source qu'il n'avait jamais vraiment cherchée.

ESTEFAN, GLORIA

Née à Cuba et arrivée enfant à Miami, cette chanteuse cubano-américaine est l'icône de la musique du sud de la Floride. Tantôt en espagnol, tantôt en anglais (elle est parfaitement bilingue), elle est produite par son mari, Emilio Estefan, Cubain lui aussi, mais d'origine libanaise, propriétaire de l'un des plus grands empires de production et d'enregistrement des États-Unis. À ses débuts, alors qu'il était musicien (percussions et accordéon) au sein du groupe Miami Sound Machine dans les années 1970-1980, Emilio Estefan comprit que la musique cubaine à l'état pur ne pouvait intéresser que les exilés ou les vrais amateurs. C'est pour cela qu'à eux deux, ils créèrent un style unique – le « Miami Sound » – intégrant le rythme des danses latines, les paroles en anglais et quelques expressions simples en espagnol, le tout agrémenté de sonorités anglo-saxonnes.

Le succès des morceaux comme *Conga* et *Dr Beat* fut tel que Gloria Estefan fut rapidement promue au rang de grandes divas de la pop américaine, ce qui lui permit par la suite d'enregistrer de véritables albums de musiques latino-américaines (*Mi Tierra*, vendu à 13 millions de copies, *Abriendo puertas* ou encore *90 millas*, dont le titre rappelle la distance qui sépare Key West* des côtes cubaines). Son succès international est indéniable : au total, plus de 100 millions d'albums vendus, sept prix Grammy, plusieurs Billboard et même une brève carrière cinématographique où on l'a vue jouer aux côtés de Meryl Streep (*La Musique de mon cœur*, 1999) et de son compatriote Andy García* (*For Love or country*, 2000).

EVERGLADES

Le parc national des Everglades couvre une superficie de 6105 km² au sud de la Floride (comtés Dade, Monroe et Collier) ; il est la plus grande réserve naturelle subtropicale du continent américain. Inauguré en 1947 par le président Harry Truman, il a depuis été déclaré réserve de biosphère en 1976 et patrimoine mondial de l'humanité en 1979 par l'Unesco. Il abrite une flore et une faune exceptionnelles et l'écosystème de mangroves le plus vaste du continent américain. Il est également le principal lieu de nidification des oiseaux aquatiques en Amérique du Nord. Constitué de marais d'eau douce, de terrains rocailleux, marais salants, pinèdes et mangroves, le parc sert d'habitat à des milliers d'alligators et de crocodiles, mais aussi à des espèces plus rares telles que le lamantin*, la panthère* de Floride et l'ours noir*. Ses eaux proviennent du lac Okeechobee* et de la rivière Kissimmee qui, en débordant, forme un fleuve de plus de 70 km de large.

Les rares terres fermes des Everglades, appelées *hammocks*, forment une forêt impénétrable qui abrite de nombreuses espèces animales dont le cerf de Virginie, le lynx roux, plusieurs types de serpents, des amphibiens et des milliers d'oiseaux. L'accès principal du parc est situé après Florida City, au Visitor Center

Ernest F. Coe. De là, une route de quelque 51 kilomètres traverse le sud des Everglades jusqu'à Flamingo où l'on trouve un restaurant, une marina et quelques places de camping. Une visite est possible également à partir de Miami, en longeant la Tamiami Trail jusqu'au Shark Valley Visitor Center. De là, un hydroglisseur permet de faire un tour des marais et de visiter la reconstitution d'un village tenu par les Indiens* Mickosuckee.

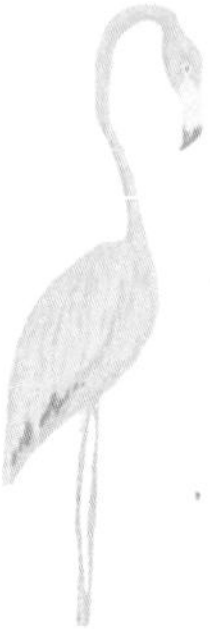

F

FIESTA OF FIVE FLAG

C'est la grande fête annuelle, elle dure dix jours et célèbre l'anniversaire de Pensacola*, une des premières colonies fondée en 1559 par le conquistador espagnol Tristán de Luna*. La ville est la première implantation européenne aux États-Unis. Les pays représentés par les cinq drapeaux que l'on hisse lors des festivités (espagnol, français, britannique, américain, confédéré) eurent tous, à un moment donné, un rapport avec l'histoire de la ville. L'événement débute à Seville Square, continue avec le défilé de bateaux dans la baie, puis avec la reconstitution du débarquement des premiers conquistadors, reçus ensuite par le maire dans l'amphithéâtre de Quiet Beach. Une étonnante compétition de sculptures de sable, par leur taille, leur forme et leur nombre, a lieu sur la plage pendant tout le week-end ; partout en ville, d'autres parades et des manifestations culinaires en plein air sont également données.

FILMS

Très photogénique, la Floride a été le cadre de nombreux films où l'on notera d'ailleurs l'évolution des paysages. Parmi les classiques en technicolor : *Moon over Miami* (1941) de Walter Lang, ou *Easy to love*

(1953), tourné en partie à Cypress Garden. Dans ce dernier film, la scène montrant Esther Williams en train de faire du ski nautique, en maillot rose et diadème, est un véritable spot publicitaire chorégraphique pour ce sport.

New York-Miami (1934) est un film culte avec Clarke Gable et Claudette Colbert qui valut plusieurs oscars au réalisateur Frank Capra, à son équipe et à ses comédiens. *Certains l'aiment chaud* (1959), de Billy Wilder, met en scène Tony Curtis et Marilyn Monroe dans un voyage en train vers la Floride avant que leur troupe ne s'installe dans un des luxueux palaces victoriens d'une plage. *Distant drums* (en français *Les Aventures du capitaine Wyatt*) de Raoul Walsh, tourné en 1951 dans les Everglades*, voit le vaillant Gary Cooper affronter tant les natifs que la nature sauvage et imprévisible du sud de la Floride.

L'hôtel Fontainebleau* servit de décor à *The Bellboy* (*Le Dingue du Palace*, 1960), une comédie loufoque de Jerry Lewis racontant les péripéties d'un groom. Il fut aussi le cadre de quelques-unes des scènes de *Goldfinger* (1964), troisième volet des aventures de James Bond, incarné par Sean Connery. Ces trois dernières décennies, on retiendra, parmi plus d'une centaine de films, *Scarface** de Brian de Palma, devenu un classique dans son genre et *Apollo 13* (1995), film catastrophe de Ron Howard tourné en partie à Cape Canaveral*. Dans *Il était une fois en Amérique* (1984), *Treize jours* (2000), *Casino Royale* (2006), *L'expert* (1994), *Miami Vice: deux flics à Miami** (2006), *Bad Boys* (1995) et *Mary à tout prix* (1998), la Floride sert de toile de fond, avec ses canaux, ses yachts, ses grandes demeures et ses hôtels, car elle apporte une image facile et stéréotypée qui fait rêver ou frémir, selon les cas, les spectateurs.

FLAGLER, HENRY MORRISON

Visionnaire pour les uns, partenaire de John D. Rockefeller au sein de la Standard Oil Company pour les autres, le New-Yorkais Henry Morrison Flagler fut l'un des promoteurs du développement du sud de la Floride. Propriétaire de la compagnie Florida East Coast Railway, il est celui qui lança Palm Beach et Miami. Lors d'un voyage à Jacksonville en 1878 pour accompagner sa femme malade de troubles respiratoires, il comprit le potentiel de la péninsule, mais se rendit compte aussi de sa piètre infrastructure hôtelière et de son pitoyable réseau de communications. Son premier investissement, sept ans plus tard, fut le Ponce de Leon Hotel (aujourd'hui le Flagler College) qu'il construisit à St. Augustine*. Il acquit les lignes de chemin de fer existantes et les développa. Suivront le Royal Ponciana Hotel, un autre établissement de luxe, cette fois-ci à Palm Beach et divers hôtels dans ce qui allait devenir l'une des stations balnéaires les plus prisées des États-Unis. En 1896, sa ligne de chemin de fer atteignit la baie de Biscayne, au bord de la future ville de Miami, que les rares habitants voulaient baptiser « Flagler » ; il préféra le nom amérindien de Miami au sien. Finalement, le train parviendra à Key West* en 1905, le point le plus méridional de l'Amérique du Nord. En chutant de l'escalier de sa maison à Palm Beach, il décédera peu de temps après, à l'âge de 83 ans. Un comté de la Floride porte son nom et à Miami, Flagler Street est l'une des artères les plus importantes.

FLAGLER MUSEUM (WHITEHALL)

Cette demeure exceptionnelle de Palm Beach fut construite en 1902 par le promoteur de la ville Henry Morrison Flagler*, en cadeau de mariage pour sa troisième épouse. Ses 55 pièces lui ont valu le surnom de « Taj Mahal de l'Amérique ». Les Flagler s'y rendaient chaque hiver à bord de leur train privé, exposé dans le pavillon Kenan, de l'autre côté des jardins. Whitehall accueille un musée qui conserve le mobilier d'origine, d'une grande richesse. Allez jeter un coup d'œil à la splendide salle de bains avec sa baignoire encastrée dans le sol en marbre et le lavabo en onyx. Le tout dans le luxe le plus ostentatoire, à l'image des propriétaires d'antan. Luxe à la « sauce américaine », dégageant cette terrible sensation d'irrémédiable kitsch dont les Américains, quoi qu'on en dise, peuvent se vanter de détenir le secret !

FLIPPER LE DAUPHIN

Héros de la série télévisée américaine de Ricou Browning (de 1964 à 1968), Flipper a bel et bien existé. Il s'agissait en vérité de deux dauphins femelles : Susie et Cathy, dressées dans le parc aquatique de Coral Key. Apprivoisé, le cétacé aide à sauver des personnes en détresse, des naufragés ou nageurs sur le point de se noyer. Le succès mondial de cette série en trois saisons et 88 épisodes a été prolongé par deux films. Cathy est restée en captivité quelques années après les tournages dans le Seaquarium* de Miami, mais elle finit par se suicider en 1970 devant les yeux de son dresseur, devenu par la suite un militant contre l'enfermement de ces animaux dans des bassins.

FLORIDA PIONEER MUSEUM

Installé sur Krome Avenue, à Florida City, au sud de Miami, le musée est logé dans une vieille maison sur pilotis, typique de l'architecture du sud du pays. La demeure qui date de la fin du XIXe siècle a appartenu à la Florida East Coast Railway, la société de chemins de fer créée par Henry M. Flagler* pour relier le sud de la péninsule au reste des États-Unis. Elle fut donnée par la famille Brooker, les fondateurs de Florida City, en 1911. Le musée, datant de 1962, fut détruit par l'ouragan Andrew*, puis restauré pour continuer à offrir à ses visiteurs une illustration des premiers habitants de la région (malles, meubles, pupitres d'école, ustensiles, balances ou téléphones des premières années du XXe siècle), mais aussi des images et même des pièces archéologiques ayant appartenu aux Amérindiens.

FONTAINEBLEAU HOTEL

Imaginé par l'architecte new-yorkais Morris Lapidus* en 1954, il fait partie des bâtiments conçus pendant la période où le style MiMo (Miami Modernist) était en vogue. Construction emblématique de Miami Beach à cette époque, il témoigne du style extravagant en vogue : dessin inspiré de l'ère spatiale, éléments kitsch vaguement évocateurs de l'architecture française, toitures en porte-à-faux, courbes et contre-courbes théâtrales, lignes ondulées, escaliers intérieurs en colimaçon purement décoratifs, sol recouvert d'un dallage aux motifs géométriques, ailes sinueuses... On dit que le jour de l'inauguration, l'architecte invita le conservateur du château de Fontainebleau, en France. Celui-ci, interrogé par Lapidus curieux de connaître son avis, ne sachant pas quoi dire, se limita à lui répondre par une question: «Connaissez-vous la bouillabaisse, Monsieur?» Fréquenté par une clientèle aisée, cet hôtel cinq étoiles a vu défiler toute la galerie de *celebrities** du monde. À ses débuts, Frank Sinatra et Elvis Presley s'y produisaient lors des saisons estivales puis, en 1964, ce fut le début du film* *Goldfinger*, qui fit connaître l'établissement et sa fameuse piscine dans le monde entier. Le palace a été rénové en 2008 pour un montant d'un milliard de dollars.

FORT CAROLINE

Le site s'avérera très décevant pour ceux qui espèrent trouver une forteresse ou un château similaire à celui de San Marcos*, à St. Augustine*. Cependant, ce fort bâti en 1564 dans le territoire actuel de la ville de Jacksonville par les Français commandés par René Goulaine de Laudonnière* revêt une grande importance historique. Il marque le début et la fin de l'éphémère colonisation française de la péninsule (1562-1565). À la place des murs et bastions d'autrefois, une palissade en bois marque le tracé triangulaire de l'édifice au bord du fleuve St. Johns. Et c'est tout!

FORT MOSÉ

Fondé sous le nom de Gracia Real de Santa Teresa de Mosé en 1738, à trois kilomètres de la ville de St. Augustine*, par décret du gouverneur espagnol de la Floride Manuel Joaquín de Montiano, Fort Mosé fut la première colonie légale de Noirs marron qui avaient fui les États esclavagistes de Caroline et de Georgie. Il avait pour but de surveiller la frontière avec les colonies britanniques, mais servait également de refuge aux esclaves rescapés des plantations des colons anglais. La population africaine du fort vivait en autarcie, s'occupant de la protection des frontières et cultivant la terre aux alentours. En 1740, les Anglais attaquèrent et occupèrent le fort jusqu'à ce qu'ils fussent délogés, peu de temps après, lors de la bataille de Bloody Marsh. Les anciens esclaves reconstruisirent l'édifice et s'y installèrent jusqu'en 1763, lorsque la Floride passa aux mains des Britanniques en échange de La Havane (alors occupée par les Anglais). Les Noirs du fort Mosé refusèrent de rester sous la domination de l'Union Jack et partirent avec les Espagnols vers Cuba où ils restèrent libres. L'édifice n'ayant pas survécu aux guerres et ouragans, le périmètre a été déclaré Monument National. Un musée remémorant les faits a été construit sur l'emplacement d'origine.

FORGE (THE)

Cette enseigne, fondée en 1920 dans une forge de Miami Beach, est l'un des restaurants les plus anciens du sud de la Floride. Dans les mains d'une famille d'émigrés russes d'origine juive depuis 1968, les

Malnik, il fut le repaire d'anciens gangsters qui avaient l'habitude de s'y attabler. Le petit-fils du comptable d'Al Capone* Meyer Lansky y fut tué en 1977... Ces temps-là sont bien révolus. Le propriétaire actuel se vante de posséder l'une des caves les plus exceptionnelles de la côte est des États-Unis, malheureusement très endommagée lors du passage de l'ouragan Andrew* en 1992. Il est courant de dîner à côté de célébrités américaines qui apprécient la cuisine inspirée de la gastronomie française – Richard Burton, Liz Taylor ou Desi Arnaz autrefois, Al Pacino, Michael Jackson, Madonna ou Lenny Kravitz plus récemment. En 1997, le propriétaire s'associa à Régine, légendaire oiseau des nuits parisiennes, pour ouvrir le Jimmy'z at The Forge, une boîte de nuit qui attira les people et le showbiz, jusqu'à sa fermeture quinze ans plus tard.

FRAY LUIS CÁNCER

Missionnaire dominicain d'origine aragonaise, il fit partie des premiers prêcheurs chrétiens en Amérique. Disciple du prêtre Bartolomé de Las Casas, *el fray* était connu pour sa prise de position en faveur du peuple indien et s'opposait radicalement à ce qu'il fût maltraité. Ayant participé à la conquête et à l'évangélisation de Porto Rico, de Saint-Domingue et du Guatemala, il demanda au roi l'autorisation de se rendre en Floride, jusqu'alors une terre hostile où d'autres conquistadors avaient échoué. Le 13 juin 1549, la caravelle transportant frère Luis, quatre dominicains, une Indienne parlant l'espagnol (pour servir d'interprète) et quelques marins accosta dans les eaux de la baie de Tampa, au même endroit où d'autres religieux avaient été tués auparavant. Estimant que sa mission devait être accomplie là où ses frères avaient péri, il sous-évalua l'agressivité des Indiens* Tocobaga et aussitôt le pied sur la terre ferme, il fut roué de coups jusqu'à rendre son dernier souffle. Le Vatican a fait de ce missionnaire un martyr et la première église de la région de Tampa porte son nom depuis 1860.

FREEDOM TOWER

Voir Tour de la Liberté.

G

GAMBLE PLANTATION

Édifiée en 1845, cette grande demeure blanche avec ses hautes colonnes, de style classique, témoigne du passé esclavagiste de la Floride. Son propriétaire, le major Robert Gamble (1813-1906), avait voulu s'établir à quelques mètres des rives du fleuve Manatee, à Ellenton, pas très loin de la ville de Tampa*. À l'intérieur, mobilier et documents d'époque, illustrent la vie quotidienne dans une des plantations sucrières des premiers colons américains. Bien que ses dimensions restent assez modestes, elle rappelle les grandes maisons coloniales des Français en Louisiane. Dans le parc environnant, les quartiers des esclaves et les ruines du moulin à sucre sont encore visibles.

La plantation Gamble est l'un des rares vestiges datant de l'époque d'avant la guerre de sécession, lorsque la Floride n'était qu'un État agricole, à cultures rentières de coton et de canne à sucre.

GARCÍA, ANDY

Né à La Havane en 1956, il arrive à Miami en 1961 lorsque sa famille prend le chemin de l'exil. Devenu acteur, il a joué dans plus de soixante films dont *Le Parrain* (pour lequel il reçut l'Oscar du meilleur acteur en 1991), *Les Incorruptibles*, *Ocean's Eleven* et *Black*

Rain. Il est aussi producteur et a même réalisé un film, *Adieu Cuba* (*The lost city*, 2005), à partir du récit de Guillermo Cabrera Infante, l'un des grands écrivains cubains. Il n'est pas rare de trouver l'acteur dans les festivités et événements politiques réalisés par la communauté cubaine de Miami, auxquels il apporte son appui. Il a même été élu roi du Carnaval latino 2016 de la Calle Ocho*. Andy García a financé le documentaire, tourné à Miami, sur la vie du légendaire contrebassiste cubain Israel López, dit « Cachao », ainsi que les trois derniers albums de ce musicien où l'acteur joue également de la percussion.

GARRIDO, JUAN

C'est l'un des rares conquistadors noirs de l'histoire de la colonisation du continent américain. Né en Afrique, il arriva dès son plus jeune âge à Lisbonne où il prendra le nom de Garrido avant de s'engager pendant trente ans dans la milice espagnole. Avec les conquistadors d'Estrémadure, il participa à la conquête de Tlaxcala et Tenochtitlan, puis s'installa à Coyoacán, au Mexique, où il devint le propriétaire d'un domaine agricole. Il fit partie de l'équipage de la première expédition en Floride menée par Juan Ponce de León*, alors gouverneur de Porto Rico. On l'a toujours considéré comme le premier homme noir libre de l'histoire des Amériques.

GATO, EDUARDO H.

Sa belle demeure en bois, située au numéro 1209 de Virginie Street à Key West*, atteste le pouvoir de cet homme d'affaires cubain, fondateur en 1871 de la fabrique de cigares qui portait son nom. La guerre contre l'Espagne avait rendu difficile la vie à Cuba, surtout pour ceux qui souhaitaient la fin du monopole économique espagnol. Eduardo Hidalgo Gato a fait partie des milliers d'exilés qui ont trouvé, non loin des côtes cubaines, en Key West l'endroit idéal pour faire fructifier leurs affaires. Entre 1895 et 1900, sa fabrique parvint à exporter plus de 2 millions de cigares. José Martí, l'apôtre de l'indépendance cubaine, s'y rendit à plusieurs reprises pour s'adresser aux quelque 700 ouvriers employés. Une ambiance de ferveur patriotique régnait dans la manufacture où l'on récoltait les fonds nécessaires pour déclencher la dernière guerre contre Madrid.

GATORLAND

Entièrement consacrée aux alligators, cette ferme s'est spécialisée depuis les années 1950 dans l'élevage de ces reptiles dont la peau et la chair sont destinées à la vente. On pénètre par une entrée en forme de grande mâchoire ouverte pour aller observer les reptiles depuis des passerelles intelligemment installées, assister à des spectacles de combat entre ces énormes bêtes (*alligator wrestling*), ainsi qu'à des séances de dressage. Un petit train circule à l'intérieur du site et une tyrolienne permet de passer d'arbre en arbre, ce qui ajoutera quelques sensations aux plus téméraires. Ne vous étonnez pas de trouver dans la boutique de la viande de caïman en conserve! Bracelets de montres, ceintures et bijoux vendus sont fabriqués avec la peau des animaux de la ferme.

GAYS

Investis par la communauté LGBT (lesbienne, gay, bisexuelle et transgenre), South Miami Beach, Key West* et Fort Lauderdale sont devenus depuis les années 1980 des lieux *gay friendly*. À Fort Lauderdale, les quartiers Oakland Park et Wilton Manors se partagent une des plus importantes populations gays des États-Unis. Sebastian Street Beach est fréquentée presque exclusivement par cette communauté. À Miami Beach, aux alentours de 12th Street et Ocean Drive*, le drapeau arc-en-ciel sur le sable indique que l'endroit est prisé par les homosexuels. Sur Washington Avenue et Lincoln Road Mall*, se trouvent de nombreux clubs, comme le Twist et le Scoore, où se rendent d'habitude ces derniers ; certains hôtels se sont même « spécialisés ».

Le Gay and Lesbian Film Festival, en octobre, attire beaucoup de monde, mais les défilés d'Halloween sont aussi considérés comme des rendez-vous incontournables. D'autres événements rythment le calendrier homo de la ville : le Winter Party Festival (en mars), la Miami Beach Gay Pride (en juin), l'Aqua Girl et le Sizzle Miami (en mai), la légendaire White Party Week, initialement conçue pour lutter contre le sida et qui se tient fin novembre dans le Seaquarium*. Quant à Key West*, l'îlot est connu pour sa tolérance ; c'est d'ailleurs là que de nombreux couples passent leur lune de miel.

GILBERT'S BAR HOUSE REFUGE

Au sud de Fort Pierce, à Hutchinson Island, un chapelet de 32 kilomètres d'îlots, se trouve l'un des dix abris érigés en 1875 par le U.S.-LifeSaving Service pour secourir les naufragés échoués sur cette côte de la péninsule, alors inhabitée. Tout près de Bathtub Beach, l'une des plus belles plages du coin, le bâtiment héberge aujourd'hui un bar où l'on peut se restaurer en évoquant les souvenirs d'une époque où la région était coupée du monde.

GUAVAWEEN (FÊTE DE)

C'est l'un des événements les plus attendus de Tampa. Son nom évoque le mélange de la fête d'Halloween et d'un fruit (la goyave). À la fin du XIXe siècle, un colon espagnol rêvait de cultiver des goyaves et de les commercialiser à grande échelle sans pour autant réussir. À défaut, ce fut le tabac la denrée économique principale pour les premiers Européens. Une célébration annuelle évoque cette tentative ratée. Fondé dans les années 1990, le festival a pour cadre le vieux quartier historique d'Ybor City*. Plus de 100 000 spectateurs (costumés) s'y rendent pour regarder le défilé de chars, les parades tout au long de 7th Avenue, pour écouter les concerts live, assister à des pièces de théâtre mais aussi participer aux différentes fêtes organisées par le Cuban Club, le Laveau Salon ou le Club de Ju-Ju.

GUERRES SÉMINOLES

Les guerres séminoles concernent les trois conflits armés opposant le gouvernement américain et les Indiens* venus des contrées du sud-est du pays (les Yamasees, les Creeks, les Miccosukees, les Yuchis, etc.). Appelés génériquement « séminoles », ces derniers étaient utilisés par les Espagnols dans des raids organisés contre les Britanniques, puis contre les jeunes États-Unis, une fois l'indépendance américaine acquise.

La première de ces guerres fut conduite entre 1817 et 1818 par Andrew Jackson, celui qui allait devenir le septième président américain. Elle eut pour conséquence la perte par l'Espagne de la Floride occidentale (l'actuel Panhandle*). La deuxième guerre (entre 1835 et 1842) fut la plus longue et la plus coûteuse. De nombreuses tribus refusèrent d'être déplacées vers l'ouest du Mississippi, selon ce qu'indiquait le traité (le Payne's Landing) signé par seulement sept chefs creeks sans le consentement des autres. À la fin de la guerre, les Indiens furent contraints de se rendre dans les réserves destinées à les accueillir et les colons blancs, désireux d'exploiter les terres inhospitalières de la Floride, purent le faire, à condition de se défendre eux-mêmes d'éventuelles incursions belliqueuses.

Une troisième et dernière guerre aura lieu entre 1855 et 1858 à la demande des planteurs. Elle se solda là encore par le déplacement des Indiens à l'ouest du fleuve Mississippi.

H

HEMINGWAY, ERNEST

C'est à Key West* que se tient, à la mi-juillet, un concours de sosies d'Ernest Hemingway (le Papa Hemingway Contest) ; ce jour est consacré par la municipalité à la mémoire de l'écrivain. En 1928, accompagné de sa seconde épouse, Pauline Pfeiffer, Hemingway s'installa dans l'îlot habité le plus méridional de la péninsule. Il y écrivit une partie de *L'Adieu aux armes* (1929), *Mort dans l'après-midi* (1932) et *Vertes collines d'Afrique* (1935). Peu de temps après, le couple déménagea dans une vieille bâtisse de style colonial, construite en pierre et datant de 1851. Quand il ne pêchait pas en haute mer, dans le Gulf Stream, Hemingway aimait boire au comptoir du bar Sloppy Joe's, sur Greene Street. Deux de ses œuvres ont pour cadre la Floride : *En avoir ou pas* (1937) et la nouvelle *L'étrange contrée.*

La Rose tatouée (1955), adaptation au cinéma par Daniel Mann d'une pièce de Tennessee Williams*, fut filmée en partie dans la maison, aujourd'hui devenue musée, de Whitehead Street où Hemingway vécut avant de revenir de la guerre civile espagnole et de s'établir à Cuba, en 1940. Les meubles, sa bibliothèque et sa machine à écrire ont été conservés, restituant un peu de l'ambiance de son temps. Une soixantaine de chats évolue librement dans les pièces et le luxuriant jardin.

Ce sont les descendants des félins polydactyles de l'auteur qui, eux, reposent dans un cimetière animalier au cœur de la propriété, près de la piscine d'eau salée. Celle-ci avait été commandée par sa femme à l'époque où il couvrait en tant que journaliste la guerre d'Espagne. Hemingway, apprenant que le bassin avait coûté deux fois le prix de la maison, sortit un centime de sa poche pour montrer dorénavant l'état de ses finances. Un *penny* a été incrusté dans le sol en ciment, près de la piscine, pour évoquer l'anecdote.

HIALEAH PARK RACE TRACK

Également connu sous le nom de Miami Jockey Club ou Hialeah Park, l'hippodrome inauguré en 1925 dans le quartier d'Hialeah (en langue amérindienne « la grande prairie »), au nord-ouest de Miami, fut dirigé par le pionnier de l'aviation Glenn Curtis et par le fermier de Missouri James H. Bright. La notoriété des courses qui s'y déroulaient attira des personnalités politiques du monde entier. Une galerie de photos montre notamment les Kennedy, Harry Truman, Winston Churchill, J. P. Morgan en train de suivre depuis les tribunes le déroulement des compétitions hippiques.

Inscrit en 1979 sur la liste du patrimoine national, l'hippodrome fut rénové au bout de huit ans de travaux. Malgré la construction d'un nouveau casino, l'architecture d'origine, inspirée de l'hippodrome parisien de Longchamp, fut respectée. Le terrain possède un grand lac duquel émergent quelques petits îlots peuplés par des colonies de flamants roses.

HISTOIRES MACABRES

Certains affirment que Key West est l'un des lieux les plus hantés de l'Amérique. Il existe même un circuit (*Ghosts and Gravestones Tour*) à bord d'un trolleybus pour partir à la découverte de pierres tombales mystérieuses et de demeures habitées par des fantômes. Parmi les histoires les plus macabres, celle du comte allemand Carl Tanzler. Celui-ci, né à Dresde, fut radiologue à l'hôpital de la Marine à Key West en 1930. C'est là qu'il tomba follement amoureux d'une jeune Cubaine de 21 ans, María Elena Hoyos, atteinte de tuberculose. Elle décéda un an plus tard malgré tous ses efforts pour la sauver. Non content de lui avoir construit un mausolée dans le cimetière où il venait se recueillir chaque nuit, le comte décida d'inhumer son cadavre et de le transporter dans sa maison où il le rhabilla, l'embauma afin d'éviter sa décomposition. Couché sur son lit, le corps inanimé de la jeune fille l'accompagna pendant sept années jusqu'à ce que la sœur de la défunte apprenne la nouvelle et fasse appel aux autorités pour qu'on intervienne. Le cadavre fut aussitôt confisqué et exposé pendant une semaine à la vue des habitants du lieu (une réplique se trouve même au musée Ripley's Believe it or Not*), puis enterré à nouveau dans un endroit tenu secret jusqu'à nos jours. Quant à Carl, il fut accusé de nécrophilie et de profanation, mais la prescription du délit l'épargna. Il déménagea à Pasco County, et au moment de sa mort, en 1952, on trouva sur sa table de chevet le masque mortuaire en cire de María Elena, ainsi que le cylindre en carton qu'il introduisait dans le vagin de sa malheureuse compagne !

HOLOCAUST MEMORIAL

La communauté juive de Miami Beach est très nombreuse, aussi n'est-il pas rare d'y trouver plusieurs synagogues et écoles. Ce sont des survivants de la Shoah ou leurs descendants qui ont tenu, en 1982, à ériger un mémorial en souvenir de leurs proches. Conçu par l'architecte et sculpteur américain Kenneth Treister au croisement de Meridian Avenue et de Dade Boulevard, le monument est entièrement conçu en pierre de Jérusalem. En son milieu, contrastant avec le bassin d'eau qui le précède, une main en bronze de 13 mètres de haut, s'élève, le poing vers le ciel. Sur l'avant-bras grimpent des dizaines de personnes au visage déformé, dont l'expression rappelle les souffrances des victimes. L'œuvre, intitulée « Sculpture de l'Amour et de l'Angoisse », exprime par l'image de cette main tendue l'espoir. Le mémorial, inauguré en 1990 par Elie Wiesel, se trouve entre les numéros... 1933 et 1945 !

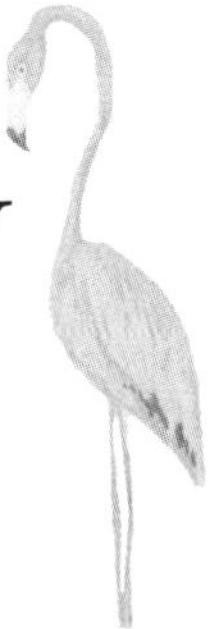

I

ICON BRICKELL

Bâti en 2009, ce complexe de trois tours de 60 étages est un ensemble résidentiel et hôtelier de luxe situé face à la baie de Biscayne, dans le nouveau quartier huppé et centre d'affaires de Brickell (Dowtown Miami). Sa structure atypique fut entièrement conçue par le groupe Yoo dont le Français Philippe Starck est le directeur artistique. Les jardins et les halls des rez-de-chaussée s'inspirent des sculptures moai des Rapa Nui de l'île de Pâques, et les piliers imitent les géants mystérieux de cette île dressés face à la mer. L'édifice est entouré par les parcs du Miami Circle River* et le Brickell Park, mais il possède également un port privé pour ses résidents, un spa 5 étoiles, deux restaurants et plusieurs piscines dont une olympique. Le Lounge Bar, au 50e étage, possède une vue panoramique sur la baie.

INDIENS

Peu de gens savent que les tribus indiennes qui vivent aujourd'hui dans les réserves de la péninsule n'appartiennent pas aux populations d'origine de la Floride, mais sont le résultat de mouvements migratoires. Les Séminoles (dont font partie les Miccosukee des Everglades*) sont issus de nations hétérogènes qui habitaient les États actuels de Géorgie, d'Alabama et de Mississippi, et descendaient des indiens Creeks et Musckogee. Les vrais indigènes de la Floride (les Calusas, par exemple) ont été décimés lors des deux premiers siècles de présence espagnole, puis les survivants sont partis à Cuba lorsque les Espagnols furent chassés une première fois par les Anglais. Certains esclaves échappés des plantations négrières s'incorporèrent aux tribus indiennes, créant des liens familiaux avec celles-ci. Ce sont les « Séminoles noirs » dont certains sont même devenus d'importants chefs tribaux.

Nombre de noms indiens ont été conservés, notamment pour les villes, les lacs et les rivières de la péninsule. À titre d'exemple, on pourra citer : Miami (signifiant « eau douce » dans la langue des Calusa), Tallahassee (« vieux champ »), Hialeah (« grande prairie ») ou Kissimmee (qui est une tribu des indiens Jororo).

J

JAI ALAI

Ce sport de balle a été introduit en Floride depuis Cuba au début du XXe siècle, mais le plus grand afflux de joueurs professionnels arriva avec l'exode dû au castrisme en 1959. En castillan, on appelle *pelota vasca* (pelote basque) le jeu qui fut apporté par les émigrants de cette région d'Espagne. Les règles de la compétition consistent à frapper la balle à l'aide d'un long gant en osier (*chistera*) et à l'envoyer contre un mur ou un fronton afin de la faire revenir adroitement sur l'aire de jeu pour qu'elle échappe à l'adversaire. Dans l'État, on compte quelque sept arènes. Les plus fréquentées sont celles de Dania Beach et de Miami (cette dernière date de 1926).

Le *jai alai* fait l'objet de grands paris, ce qui explique le prix assez élevé du droit d'entrée. La série télévisée *Miami Vice** contribua dans les années 1980 à le rendre populaire grâce à l'apparition au générique des frontons et des joueurs (couramment appelés *pelotaris*). De nos jours, les temps sont devenus plus difficiles pour les professionnels : internet a révolutionné le monde des paris et nombreux sont ceux qui préfèrent miser en ligne plutôt que de se rendre sur les gradins lors des tournois. Sans compter que depuis les années 1990, les casinos*, gérés par les populations indiennes de Floride, ont fortement concurrencé cette discipline et raflent le plus le plus grand nombre de personnes qui aiment miser de l'argent.

JEFFERSON FORT

Bâtie en 1825 sur Garden Key – l'un des onze îlots du petit archipel de Dry Tortugas découvert par Ponce de León* en 1513 –, la forteresse maritime Jefferson est considérée comme la plus importante construction en maçonnerie du continent américain. Seize millions de briques furent utilisées pour ériger le fort hexagonal où pouvaient loger jusqu'à 2 000 personnes. Les ouragans, l'absence d'eau douce (d'où le nom de *dry*), les conditions difficiles liées au climat et à son éloignement (la plus proche habitation est à plus de 100 km) ont entraîné son déclin à la fin du XIXe siècle. Une visite du président Franklin D. Roosevelt permit de classer le site monument historique. Le Dry Tortugas National Park, dans son ensemble, est une réserve naturelle où l'on peut observer plus de 300 espèces d'oiseaux endémiques ou migratoires (notamment à Bush Key) et plonger dans les eaux peu profondes qui entourent les îles. Bateaux de tourisme et petits hydravions sont les seuls moyens pour approcher le site. L'île principale possède deux plages paradisiaques où la baignade est autorisée.

JEWISH MUSEUM OF FLORIDA

Le Musée Juif de Floride, sur l'avenue Washington, à Miami Beach, est logé dans l'une des deux anciennes synagogues (la Beth Jacob fut bâtie en 1929). Les deux édifices ont été conçus dans le style Art déco propre à

Miami Beach. La population juive de la Floride (850 000 individus) est l'une des plus nombreuses et influentes des États-Unis (la troisième après celle de New York et celle de Los Angeles). Inauguré en 1995, le musée permet d'admirer 80 vitraux inspirés de passages de la Bible, et expose des documents et des images de l'histoire des premiers juifs installés dans la région, depuis le XVIIIe siècle, tels Joseph D. Palacios, Alexander Salomon et Samuel Israel, originaires de La Nouvelle-Orléans qui s'installèrent à Pensacola* en 1763 lorsque les Anglais prirent possession de la péninsule. David Levy Yulee fut le premier sénateur de l'État de Floride et aussi le premier juif à entrer au Sénat des États-Unis. On compte quelque 189 synagogues en Floride. Parmi les membres de cette communauté, on compte plus de 15 000 juifs cubains ayant fui le régime communiste de La Havane en 1959 ; leur synagogue, le Temple Beth Shmuel ou Cuban Hebrew Congregation, a été fondée en 1961.

JIMENEZ, JUAN RAMÓN

Né en 1881 à Moguer, en Andalousie, ce grand poète espagnol, fuyant l'Espagne franquiste en 1936, s'installe, trois ans plus tard, au numéro 140 de la rue Alhambra Circle, à Coral Gables*, agréable quartier de Miami. Il y écrira l'un de ses plus beaux recueils de poésie : *Romances de Coral Gables*, avant d'obtenir le prix Nobel de littérature, en 1956, deux ans avant sa mort, pour l'ensemble de son œuvre. Sa nouvelle *Platero et moi* (1914) est l'une des plus populaires de la langue espagnole pour la jeunesse. En 1940, il fut interné à l'hôpital de l'université de Miami à cause d'une forte dépression. Plus tard, il s'installera avec son épouse Zenobia Camprubí dans le Maryland. Un square, près de Miracle Mile*, rappelle la présence de l'écrivain ici.

JOE'S STONE CRAB

Cela fait longtemps que le vieux Joe Weiss et sa femme Jennie, un couple d'émigrés hongrois, ont disparu, mais leur célèbre enseigne, à l'extrémité sud de South Beach, à Miami, a fêté en 2013 ses cent ans. Outre les *stone crabs* (pinces de crabe), considérées comme les meilleures du sud de la Floride, les fruits de mers et les poissons tropicaux sont les mets les plus prisés de la maison. On dit que son *key lime pie** est aussi le meilleur de la ville.

Au début, il s'agissait d'une simple cafétéria où l'on venait pour manger des sandwiches de poissons accompagnés de frites, mais petit à petit, l'affluence des clients de plus en plus exigeants transforma le lieu. Parmi les habitués, le sulfureux Al Capone* qui se faisait passer pour un certain Al Brown et que Jennie Weiss servait chaque jour à 17 heures avant que les autres clients n'arrivent. Bien évidemment, elle ne connaissait pas l'identité de son hôte. Un soir, elle lui avoua ne pas aimer accepter n'importe qui car elle tenait à filtrer sa clientèle, mais comme il se comportait en gentleman, elle était heureuse de l'accueillir. Plus tard, reparti à New York et touché par les propos de la propriétaire, le *capo* de la mafia lui fera parvenir à chaque Fête des mères une camionnette remplie de fleurs. Jennie n'apprendra que quelques années après l'identité de son fidèle admirateur!

K

KEY BISCAYNE

Faisant partie du chapelet des *keys** de la Floride, Key Biscayne situé plus au nord, face aux côtes de Miami, est considéré comme un îlot à part, avec ses 3,6 km^2. Un péage et un pont de plus de 8 kilomètres, le Rickenbacker Causeway, le séparent de Virginia Key, puis du continent. Au même titre que Coral Gables* et de quelques îles de la baie de Biscayne, il est très apprécié des classes les plus aisées qui en font un « quartier » résidentiel très fermé. Le *key* fut acheté en 1948 par José Manuel Alemán, ministre de l'Éducation cubain avec l'argent qu'il avait détourné avant de prendre la fuite. Sa veuve et héritière, Elena Santeiro, le revendra à l'État de Floride en 1966!

Key Biscayne possède à son extrémité sud un parc naturel de 160 hectares (le Bill Baggs Cape Florida), un phare (appelé El Farito, en espagnol) datant de 1826, considéré comme le plus ancien bâtiment de Miami, et une plage classée parmi les dix plus belles des États-Unis. En 1969, le président Richard Nixon y acquit une résidence, que l'on surnomma « la Maison Blanche de la Floride ».

L'un des tournois de tennis les plus connus du monde, le Miami Master ou Sony Ericsson Open, s'y déroule depuis 1985. Depuis le phare, en regardant vers le sud, on remarquera d'étranges structures en bois émergeant des eaux de la baie. C'est Stiltsville, un village flottant (sur pilotis), où ne subsistent que les ruines de quelque sept maisons. Celles-ci faisaient partie d'un groupe initial de 27 bâtiments construits dans les années 1920 destinés à accueillir des clubs et sociétés de plaisance à l'époque de la prohibition. Côté baie, la vue sur la *skyline* de Miami est saisissante et les couchers de soleil dans la crique où se trouve le Boater's Grill inoubliables !

KEY LIME PIE

Originaire des *keys**, c'est le dessert par excellence de la région, et celui officiel de l'État. On raconte que les pêcheurs consommaient cette tarte pour combattre le scorbut et les carences en vitamine C. Les citrons verts, connus pour leur petite taille, y ont un goût particulier. Au lait condensé et aux jaunes d'œufs battus, on ajoute un verre de jus de citron, puis le zeste des citrons utilisés. Sur une pâte sablée faite à partir de biscuits Graham concassés et moulés au beurre, on verse la crème obtenue et on l'enfourne environ 15 minutes. Avec le temps, la tarte s'est vue recouverte d'un nappage à la meringue, mais elle existe encore dans sa version d'origine. On trouve les meilleures chez Key Lime Republic ou chez Kermit's Key West Key Mile Shop, deux pâtisseries de Key West*, ainsi qu'au restaurant Joe's Stone Crab*, à l'extrémité sud de Miami Beach.

KEY WEST

L'îlot habité le plus méridional de la Floride est resté longtemps à l'écart, n'intéressant pratiquement pas les gouvernements espagnol, anglais et nord-américain auxquels il a appartenu successivement. Repaire de pirates, puis de pêcheurs cubains tout au long du XVIIIe siècle, on l'a toujours appelé en espagnol « Cayo Hueso » (l'îlot Os) du fait de la grande quantité de squelettes trouvés sur son sol par les premiers explorateurs. En 1815, le gouverneur colonial de Cuba décida de céder Key West à Juan Pablo Salas, un Havanais qui s'empressa aussitôt de le revendre... deux fois ! À la fin d'une longue querelle judiciaire, la propriété passa aux mains de John W. Simonthon qui la cédera, à son tour, au gouverneur de Caroline du Sud. Mais, en 1822, les États-Unis décidèrent de prendre l'affaire au sérieux en envoyant la marine de guerre occuper le territoire et en le déclarant sous sa souveraineté.

Refuge des opposants cubains au régime colonial pendant les quatre dernières décennies du XIXe siècle, Key West est devenu un lieu de villégiature pour les hivernants du nord lorsque Henry M. Flagler* parvint à relier, en 1912, le chapelet d'îles du sud de la Floride au continent grâce au chemin de fer, dont le pont est devenu ensuite le Seven Mile Bridge. L'ancienne gare est désaffectée depuis qu'un ouragan dévasta la ligne en 1935. Écrivains, artistes et musiciens se sont toujours donné rendez-vous dans cet îlot décontracté aux couchers de soleil inoubliables. Même un certain Harry S. Truman avait l'habitude d'y passer ses vacances d'été et son ancienne demeure, connue sous le nom de « Little White House », existe toujours. Sur Duval Street, on admire les vieilles maisons en bois caractéristiques de l'architecture caribéenne, et le somptueux Club San Carlos*, bâtiment néoclassique construit en 1871, dont la fonction de centre civique se perpétue de nos jours.

À l'extrémité sud, la célèbre et très visitée borne des 90 milles (144 km), marquant le point le plus proche des côtes cubaines, est un lieu toujours fréquenté par les nostalgiques qui ont quitté leur pays.

KEYS (LES)

Le chapelet d'îlots au sud de la Floride, unis au continent par l'Overseas Highway, une route panoramique tracée en 1910 avec 42 ponts, est couramment appelé *keys* en anglais ou *cayos* en espagnol. Au total, ce sont plus de 1700 îlots étendus sur 320 kilomètres où habitent environ 80 000 personnes. Hormis Key West*, les plus connus sont Islamorada (grâce à son parc d'attractions animalier, Theater of the Sea), qui se baptise elle-même « capitale de la pêche au gros » ; Key Largo (rendu célèbre en 1939 par le film éponyme de Maxwell Anderson avec Humphrey Bogart et Lauren Bacall, mais qui ne correspond pas à l'image qu'a pu en donner le film !) ; Marathon (disposant d'un hôpital pour tortues malades, le Turtle Hospital) ; Big Pine Key et Bahia Honda. Une espèce animale endémique y vit, le cerf des *keys*, dont le nombre est estimé à quelque 700 individus, et reste protégée. Véritable trésor écologique, ces îlots attirent les plongeurs du monde entier venus admirer la barrière de corail et les fonds marins peuplés de milliers d'espèces de poissons tropicaux.

L

LAMANTINS

Vivant dans l'embouchure des fleuves et des canaux de la Floride, les lamantins sont hautement protégés et inscrits, depuis 1973, sur la liste des espèces en voie de disparition. Ces énormes mammifères marins – ils seraient deux milliers à peupler les eaux chaudes de la péninsule – avaient été pris pour les légendaires sirènes par les premiers conquérants espagnols. Appelés aussi « vaches de mer » (il est fréquent d'observer la femelle en train d'allaiter son petit), ils se nourrissent exclusivement de plantes flottantes ou immergées. Il est strictement interdit de leur donner à manger et de les déranger ; des lois sévères entraînent la détention immédiate des contrevenants, et la mort ou la blessure d'un animal est considérée comme un délit.

Réputés pour la lenteur de leurs mouvements et la douceur de leur caractère, ils peuvent être observés aisément dans les réserves naturelles de Big Cypress et des Everglades*, mais également dans les eaux peu profondes de la baie de Biscayne à Miami et aux alentours de Key Virginia. Les hélices des bateaux à moteur étant l'une des causes essentielles de leur mortalité, la vitesse est limitée. Seul endroit où les personnes sont autorisées à nager avec les lamantins : la réserve naturelle de Crystal River et les Blue Water de la rivière Homosassa, au nord de Tampa*. Très contestée, cette réserve est pointée du doigt par les associations de protection des animaux dont la puissante Save the Manatee Club, établie à Maitland.

LAS OLAS BOULEVARD

Le boulevard Las Olas (les vagues, en espagnol) s'étire le long du canal New River jusqu'au front de mer de Fort Lauderdale. Celui qu'on surnomme « le mile du style », en raison de la quantité de boutiques et galeries d'art consacrées aux dernières tendances à la mode, est la principale artère commerciale de la ville ; on y trouve également de nombreux cafés et restaurants. Des calèches amènent les visiteurs désireux de faire les magasins d'un bout à l'autre de Las Olas.

Surnommé « la Venise de l'Amérique », Fort Lauderdale est la capitale du nautisme aux États-Unis. Et pour cause : la ville est le deuxième port de la Floride et le deuxième port de croisière du monde après Miami. De nombreux canaux, creusés au début du XXe siècle pour drainer les marécages, servent aujourd'hui d'attache à plus de 42 000 yachts. Port de croisière mais aussi aéroport alternatif pour des compagnies *low cost*, la ville a su se développer indépendamment de Miami tout en faisant partie de la grande mégapole.

LAPIDUS, MORRIS

Né au sein d'une famille juive à Odessa en 1902, il quitte son pays natal en fuyant les pogroms du début du XXe siècle et s'installe à New York où il étudie l'architecture à l'université de Columbia. Une fois établi à Miami Beach, il dessina dans les années 1950 de nombreux hôtels, dont le Fontainebleau*, l'Eden Roc*, bâtis côte à côte, et l'Americana (actuel Sheraton Bal Harbour) qu'il dota d'un style reconnaissable grâce aux lignes élégantes et aux courbes imitant les vagues de la mer. Il privilégiait l'asymétrie et remplissait les intérieurs de détails rappelant luxe et glamour. On le considère comme l'un des créateurs du style MiMo (Miami Modernist) avec Igor Polevitsky, Roy France et Henry Hohauser. Plus de 1200 bâtiments lui sont attribués. Morris Lapidus est décédé à Miami Beach en 2001.

LAUDONNIÈRE RENÉ (GOULAINE DE)

C'est cet explorateur français huguenot, issu d'une famille noble du Poitou, qui a fondé le fort Caroline*, près de Jacksonville, à l'époque de l'éphémère Floride française. On lui doit le nom des États de Caroline du Nord et du Sud, baptisés ainsi en 1562 en l'honneur de Charles X, roi de France. C'est lors de son deuxième voyage, en 1564, qu'il décida d'ériger un fort, mais la gestion de la colonie s'avéra désastreuse et après plusieurs affrontements avec les Indiens* où il faillit perdre la vie, il rentra à La Rochelle pour se consacrer au métier de commerçant. Il est l'auteur de l'un des premiers ouvrages sur la péninsule : *L'histoire notable de la Floride, contenant les trois voyages faits en icelles par des capitaines et pilotes français*, publié en 1586.

LE MOYNE, JACQUES

Jean-Baptiste Le Moyne de Morgues, né à Dieppe en 1533, fut l'un des cartographes et dessinateurs français qui a le mieux décrit la vie des Amérindiens des tribus Timucua. Membre de la deuxième expédition de Jean Ribault* et de René de Laudonnière* vers la Floride française, il eut le temps de restituer les paysages, la flore et la faune de ces contrées. Ce trésor inestimable a péri dans les flammes lors de la prise du fort Caroline* par les Espagnols en 1565, mais l'auteur échappa in extremis au massacre, et put reproduire plus tard les esquisses pour le compte de l'éditeur liégeois Théodore de Bry. Artiste reconnu et respecté, il finira sa vie à Londres et mourut avant que son *Brevis narratio eorum quae in Florida Americai provincia Gallis acciderunt* ne fût publié.

LES CRAQUANTES

La série télévisée humoristique tournée en 1985, *The Golden Girls*, en français *Les Craquantes*, a charmé les spectateurs au début des années 1990. Trois femmes quinquagénaires n'ayant aucune expérience de l'hôtellerie achètent un hôtel à Miami. Une succession de malentendus dus à leur méconnaissance du métier engendrera des situations hilarantes. Rose, Blanche et Dorothy essaieront d'y faire face, malgré les interventions de Sophie, mère entremetteuse de cette dernière, une Sicilienne caractérielle à la langue dénouée capable d'ajouter du piment à chaque scène. Caricature de la société en Floride, où les femmes sont habillées et coiffées à la mode des années 1980, ce feuilleton représente parfaitement les difficultés de faire de Miami un parfait *melting-pot* à l'américaine en permettant aux immigrés de diverses origines, mais également de toutes les contrées des États-Unis, de conserver leur propre culture. Un cas très particulier aux États-Unis où le miracle de l'assimilation culturelle s'est produit un peu partout... sauf dans le comté Miami-Dade où des dizaines de milliers d'immigrants appartiennent à la classe moyenne sans parler vraiment anglais! C'est aussi ce que le Suédo-Américain Claes Oldenburg a voulu exprimer avec sa sculpture du bol cassé (*Dropped bowl*) – en réalité et ironiquement une orange éventrée –, située sur l'une des places de Downtown de la ville. En effet, chaque communauté (et plus particulièrement les Cubains*) a conservé, ici plus qu'ailleurs, sa langue, sa cuisine, ses festivités, ses croyances, ce qui n'a pas empêché plusieurs de leurs membres de devenir des citoyens importants de la Floride.

LIFEGUARD TOWERS

Présentes sur presque tous les clichés de Miami Beach, ces structures en bois sur pilotis posées sur le sable tout au long de la plage correspondent aux postes d'observation des maîtres-nageurs. Peints en couleurs pastel qui imitent les façades Art déco des bâtiments de la ville, ils sont tous différents quant aux formes et aux couleurs. Les premières « tours » photogéniques furent conçues et offertes à la ville par l'architecte William Lane en 1992 pour remplacer les anciennes, balayées par les vents de l'ouragan Andrew*. Véritables icônes de Miami Beach, elles sont plus d'une trentaine, réparties entre South Pointe Park et 85th Street.

LINCOLN ROAD MALL

Véritable cœur névralgique de South Miami Beach,

Lincoln Road est une rue devenue piétonnière entre l'avenue Washington et Alton Road. On y trouve une ambiance surfaite où se côtoient touristes et habitants dans un va-et-vient incessant entre boutiques à la mode, cinémas, terrasses de cafés, restaurants (la plupart avec des rabatteurs), une superbe librairie (Books and Books) et quelques galeries d'art. L'architecture mélange le style Art déco propre à Miami Beach et d'autres plus contemporains, comme le démontre, au numéro 111, le célèbre parking ouvert, similaire à un vaisseau spatial dessiné par la société Herzog & de Meuron.

LITTLE BUENOS AIRES

Localisé entre 71th Street et 80th Street à North Miami Beach, à Miami Beach, ce quartier a été investi au début des années 2000 par des Argentins qui fuyaient la grande crise de leur pays sous le gouvernement de Fernández de la Rúa. La situation économique s'aggravant, elle ne fit qu'accroître leur exode. Les restaurants ont ainsi poussé dans cette partie de la plage. Las Vacas Gordas – un établissement reconnu pour la qualité de sa viande de bœuf, face à la fontaine de Normandy Isles* –, la pâtisserie Buenos Aires et la cafétéria Manolo (angle Collins Avenue/74th Street), connue pour ses *churros* fourrés de *dulce de leche*, constituent les meilleurs endroits pour se régaler. En face de cette dernière, se tient l'étonnante fabrique de pâtes Mr. Pasta (7 311, Collins Avenue), créée, elle, dans les années 1970 par des Argentins d'origine italienne. *Gnocchi*, *ravioli*, *tortellini*, *agnolotti* et *cannelloni*, ainsi que les sauces, sont préparés à la minute. Un vrai régal !

LITTLE HAÏTI

L'ancien quartier de Lemon City, très haut en couleur, situé aux alentours de 2nd Avenue, au nord-est de Miami, accueille une majorité d'émigrants haïtiens. Leur nombre ne cesse de s'accroître depuis la première vague arrivée dans les années 1960, c'est pourquoi Miami-Dade a déclaré le créole, au même titre que l'anglais et l'espagnol, langue officielle du comté. Certains se rendent à Little Haïti pour acheter des gris-gris, poupées à épingles, statues de saints ou toutes sortes de remèdes dans ce qu'on appelle les *botánicas* (les magasins d'articles religieux en rapport avec le vaudou). D'autres préfèrent aller manger Chez le Bébé, le plus vieux restaurant haïtien du quartier, où l'on mijote une cuisine très épicée et où l'on déguste le célèbre *diri kole ak pwa* (un plat de haricots rouges accompagné de riz), ou alors au New Piman Bouk, au niveau de 59th Street.

La communauté haïtienne entretient des liens très forts avec son pays d'origine et il est possible de trouver des journaux imprimés sur place en français et en créole (comme *Le Courrier de Floride**, le mensuel gratuit des francophones), d'acheter des ouvrages dans les deux langues à la libraire Mapou, ou également d'écouter des chaînes de radio tenues par des expatriés. Une statue du héros national, Toussaint Louverture, trône au milieu des façades recouvertes de fresques aux motifs naïfs. Un Centre culturel haïtien a été inauguré en 2009 avec le soutien de la France et de la francophonie.

En janvier 2016, sous l'impulsion de Marleine Bastien, fondatrice et directrice depuis 1982 de l'association

Femmes Haïtiennes de Miami, se tient une manifestation contre la « gentrification » du quartier et la voracité des promoteurs immobiliers. En effet, Little Haïti risque de devenir un nouveau Wynwood, quartier de Midtown que la population d'origine a dû quitter, « chassée » par l'implantation massive de galeries d'art et la construction d'immeubles modernes.

LITTLE HAVANA

Des deux côtés de la Calle Ocho* et à l'est de Downtown, s'étendant jusqu'à Lejeune Road, Little Havana fut le quartier où se sont installés les premiers exilés cubains dans les années 1960 jusqu'à l'arrivée massive des *marielitos* venus par le port du Mariel*, en 1980. Au fur et à mesure que la communauté cubaine devint économiquement et politiquement puissante, le quartier se vida de sa population d'origine. D'autres émigrants prirent leur place – pour la plupart des Honduriens, des Nicaraguayens et des Salvadoriens arrivés avec la propagation des guérillas en Amérique centrale et après la révolution sandiniste de 1979.

Little Havana est connu pour son célèbre Carnaval* de la Calle 8, pour ses parades, mais aussi pour les grandes marches contre le régime cubain. Au-delà de 37th Avenue, qui marque la frontière entre le quartier originel et sa prolongation, les restaurants cubains les plus anciens de Miami sont toujours présents : le Versailles*, La Casita et La Carreta, ainsi qu'El Brazo Fuerte, l'une des meilleures pâtisseries de la ville (un peu plus au sud en tournant par 32nd Avenue). Un magasin de souvenirs, Sentir Cubano (intersection 31st Avenue), permet de mesurer le poids de la nostalgie chez les exilés. On y trouve des revues, des livres et des albums d'avant l'arrivée du castrisme, mais aussi les enseignes des anciens clubs sportifs, des annuaires téléphoniques, la reproduction de produits, pièces de monnaie et billets d'autrefois… parmi d'autres objets plus insoupçonnés. En janvier 2017, le Fonds américain de préservation du patrimoine a déclaré ce quartier « trésor national ».

M

MAC GREGOR, GREGOR

Escroc, mercenaire, mythomane... Que de qualificatifs pour cet Écossais reconnu pour son goût de l'aventure, engagé dès l'âge de 16 ans dans l'armée britannique avant d'épouser l'héritière d'un grand amiral du Royaume-Uni. Il vécut quelques années sous un faux titre de noblesse portugais, mais après le décès de sa femme et la perte de l'appui de son cercle, il se lance en 1811 dans la guerre de libération du Venezuela, sous les ordres de Francisco de Miranda. Il parvint à se remarier, cette fois-ci, avec une cousine de Simón Bolívar ! C'est envoyé par ce dernier qu'il arrivera en Floride en 1817 avec pour mission d'obtenir l'indépendance de la péninsule et d'empêcher le gouvernement américain de rendre le Venezuela au roi d'Espagne. Il s'empare de la ville d'Amelia Island et y établit une république dont le drapeau est connu sous le nom de « Green cross flag of Florida ». Mais elle capotera deux mois plus tard pour rester entre les mains du corsaire français Louis Aury qui la déclarera partie intégrante de la république du Mexique. On retrouve Mac Gregor en 1821 sur la côte des Moustiques, dans le territoire actuel du Nicaragua et du Honduras, où il se présenta comme l'héritier d'un roi, supposé lui avoir octroyé la région du Poyais et ses 122 000 km². À son retour à Londres, il déclara être le prince de ce pays imaginaire et affirma que sa capitale possédait un parlement, un opéra, un port, et qu'il était le propriétaire d'un château et d'importantes mines d'or. En vendant de chimériques propriétés dans cette fictive principauté d'Amérique centrale, il devint riche et influent au point même d'être anobli par le roi George IV. Il fit frapper une monnaie pour que chaque colon prêt au départ échangeât ses pounds contre cette devise sans cours légal. Avant d'être découvert, il parvint à s'installer en France où il continua à vendre des terres et des actions de son royaume virtuel. Mac Gregor est mort au Venezuela, sans être inquiété.

MAITLAND ART CENTER

Inaugurée en 1937 par l'artiste et architecte André Smith, cette institution, inscrite au patrimoine historique de la Floride, accueille de l'art expérimental. Résidence d'artistes, elle propose des expositions temporaires et des ateliers pour enfants et adultes. Elle se situe sur l'avenue West Packwood, à Maitland, à 50 minutes de la ville d'Orlando*. Le bâtiment est l'un des rares exemples du style appelé « Mayan Revival », en vogue dans les années 1920-1930, inspiré de l'architecture des Mayas.

MANGO

Plus de 200 variétés de mangues sont cultivées en Floride. Le climat subtropical et la proximité de la mer des Caraïbes ont rendu possible l'exploitation des fruits exotiques. Au sud de Miami, dans les Redlands et à Homestead, les fermes qui les cultivent abondent. Un

Festival International de la Mangue se déroule depuis plus de vingt ans dans le superbe Jardin botanique tropical Fairchild de Coral Gables* durant la deuxième semaine de juillet. On y montre des variétés rapportées des quatre coins du monde. La foire inclut des conférences, des dégustations, des démonstrations de cuisine, des activités pour enfants, des cours de botanique, mais aussi la vente d'arbres prêts à être replantés et même des concerts de musique. C'est aussi le plus grand rendez-vous annuel des horticulteurs, agronomes et fermiers du continent américain. En Floride, la mangue est partout à l'honneur sur les cartes des desserts et des milk-shakes. Pas étonnant de trouver à Miami, chez le pâtissier Sweet Art by Lucila, ce que l'on considère comme la meilleure mousse de mangue de la ville. Un vrai régal!

MAR-A-LAGO

Cette somptueuse résidence estivale destinée, depuis 1973, à accueillir les présidents américains durant leurs vacances fut construite dans les années 1920 à Palm Beach et finalement rachetée, en 1985, pour quelque 10 millions de dollars par Donald Trump, élu président des États-Unis en 2016. Avec plus de 10 000 m^2 et 126 pièces, le complexe a été érigé par Marjorie Merriweather Post, à la tête de General Foods Inc., l'un des groupes alimentaires nord-américains les plus puissants du monde. Transformé en club privé, il est interdit de le visiter et même de stationner devant ses grilles. En 1994, Michael Jackson et Lisa Maria Presley y célébrèrent leurs noces.

MARIE SELBY GARDENS

La vue imprenable sur la baie de Sarasota, depuis les célèbres jardins de la maison de style colonial espagnol de Marie Selby, bâtie en 1920, est en général l'un des clichés les plus réussis d'un voyage en Floride. Originaire de Virginie-Occidentale, née Mary Minshall, elle était déjà une pianiste renommée lorsqu'elle épousa à 24 ans en 1908 William Selby, le riche héritier de la Selby Oil and Gas Company. Elle deviendra la première femme à traverser le pays en auto avant de se laisser séduire par la région et d'y faire construire sa propre maison. En véritable amoureuse des jardins, elle y planta plus de 20 000 espèces végétales et établit une fondation consacrée à la protection des plantes. Ouverts au public en 1975, les jardins n'ont cessé de s'agrandir et la serre des orchidées est devenue une référence mondiale pour les amateurs.

MARIEL

C'est de ce port situé à 60 km à l'ouest de La Havane, sur la côte nord de Cuba, qu'eut lieu le plus grand exode de Cubains* vers la Floride. À la suite des accords signés avec l'administration américaine de Jimmy Carter en 1980, le gouvernement de Fidel Castro autorisa les exilés de la Floride à venir chercher en bateau les membres de leur famille. Au total, quelque 125 000 insulaires prirent le chemin de l'exil grâce à ce pont migratoire qui allait changer avec l'arrivée des *marielitos*, comme on les appellera, la physionomie de Miami et de la communauté cubaine jusque-là constituée essentiellement par des anciens membres de la haute et moyenne bourgeoisie de l'île. En vérité, le gouvernement castriste profita de l'occasion pour vider ses prisons et envoyer aux États-Unis une grande quantité de criminels, délinquants et malades mentaux. Dans *Scarface** de Brian de Palma (1983), le personnage de Tony Montana, interprété par Al Pacino, est l'un de ces tueurs arrivés à Miami par le pont du Mariel. Dans les années qui suivirent, quelque 2700 *marielitos* se retrouvèrent dans les prisons américaines, et Cuba dut signer un accord avec le président Ronald Reagan afin qu'ils soient rapatriés. Mais la plupart d'entre eux déclenchèrent d'importantes mutineries... préférant rester en prison aux États-Unis plutôt que de retourner à Cuba!

Parmi les *marielitos* les plus connus, on compte le romancier Reinaldo Arenas dont le testament littéraire, *Avant la nuit*, a été porté au cinéma par Julian Schnabel (2000), les écrivains Carlos Victoria, Roberto Valero, Luis de la Paz et Miguel Correa, ainsi que le peintre Carlos Alfonzo, auteur de la fresque en céramique qui orne la station Santa Clara du Metrorail à Miami.

MARLINS DE MIAMI

Les joueurs de baseball qui représentent la Floride en Ligue majeure sont des idoles locales, au même titre que ceux du Heat, l'équipe de basket-ball de Miami. Leur siège, le Dolphin Stadium, visible depuis l'autoroute qui relie l'aéroport à Miami Beach, est devenu depuis sa rénovation une sorte de soucoupe volante ultramoderne, remplaçant le stade d'origine et balayant le charme de terrains sportifs d'autrefois. L'équipe porte le nom d'un poisson, le marlin, qui ressemble à un espadon, au rostre plus court et moins effilé, très prisé par les pêcheurs du golfe du Mexique, et qui est reproduit sur leur logo. En septembre 2016, on annonce que l'un des lanceurs vedettes et étoile montante de la formation, le Cubano-Américain José Fernández, est décédé à l'âge de 24 ans dans un accident de bateau aux côtés de deux amis. Son embarcation a été retrouvée renversée sur une jetée près de Miami Beach à la suite d'un heurt violent. La ville est endeuillée et son décès prend des allures de revendications politiques : Fernández avait tenté de fuir Cuba au moins trois fois par le passé, se retrouvant même en prison après l'un de ses échecs. Ses funérailles ont été parmi les plus suivies de Miami, après celles de la chanteuse Celia Cruz et du leader politique Jorge Mas Canosa.

MEDITERRANEAN REVIVAL

Le Mediterranean Revival est un style architectural créé aux États-Unis au début du XXe siècle, très en vogue dans les années 1920-1930 et inspiré de la Renaissance espagnole et italienne, mais aussi du gothique vénéto-lombard et de l'élégance coloniale hispano-américaine. Villas, hôtels, resorts, terrains sportifs, palaces et bâtiments publics ont poussé tout au long des côtes de la Floride et de la Californie à l'époque de cette « renaissance méditerranéenne ». Inscrits sur le National Register of Historic Places, ils sont tous protégés.

Les édifices illustrant le mieux ses principes esthétiques sont le Breakers Hotel de Palm Beach, ouvert en 1896 par l'homme d'affaires Henry M. Flagler*, et reconstruit après un incendie en 1926 en s'inspirant de la Villa Médicis de Rome ; le Fort Harrinson Hotel, aux allures du monastère de l'Escurial espagnol, érigé en 1926 à Clearwater ; le Don Cesar Hotel, à St. Pete Beach, imposante bâtisse appelée aussi « Pink Lady » (du fait de sa couleur rose et de son style pâtisserie), construite en 1928 par Henry H. Dupont ; le Colony Hotel de Delray Beach, extraordinaire bâtisse en forme de fer à cheval couronnée par deux petites tours surmontées de dômes, ainsi que le Boca Raton Resort & Club, clin d'œil aux châteaux du nord de l'Italie, inauguré en 1926 et administré de nos jours par la compagnie hôtelière Waldorf Astoria. Deux salles de théâtre : le Florida Theatre de Jacksonville et le Sunrise Theatre de Fort Pierce sont aussi considérés comme des icônes de ce style. Côté grandes demeures, la Casa Casuarina*, ayant appartenu à Gianni Versace sur Ocean Drive*, à South Beach et la Villa Vizcaya*, aussi à Miami, en sont les meilleurs exemples. Sans oublier le Country Club de Temple Terrace, achevé en 1921, près de la ville de Tampa.

MELENDEZ, MARIA

Alliée inconditionnelle des Espagnols, María Menéndez était la chef (le cacique) du village de Nombre de Dios, près de St. Augustine*, qui appartenait aux Indiens* Timucua et où les franciscains fondèrent, en 1587, leur première mission en Floride. Mariée avec un officier espagnol basé dans la ville de St. Augustine, elle représente le premier cas attesté de mariage autorisé par l'Église catholique entre une indigène et un Européen. La reconnaissance et le respect, par les colons, du rang et de la classe sociale des natifs du continent étaient fréquents.

MERRICK HOUSE

Le terrain sur lequel fut construite l'une des bâtisses les plus anciennes de Miami fut acheté en 1899 par le père du fondateur de Coral Gables*, l'urbaniste George E. Merrick. Telle que nous la connaissons aujourd'hui, elle date de 1906 et fut conçue par la mère de Merrick en pierre blanche de corail et en bois de pin local en s'inspirant du style des demeures de la Nouvelle-Angleterre. Rachetée depuis 1976 par la municipalité, elle abrite aujourd'hui un musée dans lequel sont conservés plusieurs objets ayant appartenu à la famille, ainsi que le mobilier d'une maison du sud de la Floride des années 1920. Des jardins embaumés par des grands arbres fruitiers tropicaux l'entourent et ajoutent du charme à la visite.

MIAMI RIVER CIRCLE

À l'embouchure du fleuve Miami, au pied des gratte-ciel qui poussent dans Downtown, se trouve une mystérieuse structure préhistorique. Il s'agit d'un cercle de pierres parfait à ras le sol de 13 mètres de diamètre et de 24 trous taillés sur du rocher calcaire. Âgé d'environ 2000 ans, il a été conçu par la tribu nomade des Indiens* Tequesta. Certains lui attribuent une fonction cérémoniale, mais d'autres le considèrent d'origine maya. Découvert en 1998, il fut l'objet d'une longue bataille juridique de la part d'investisseurs désireux de bâtir une tour de bureaux dans le quartier des finances de la ville qu'est Brickell. Classé in extremis et acheté par la municipalité, le terrain est aujourd'hui un parc archéologique protégé.

MIAMI VICE

Traduite en français par *Deux flics à Miami*, cette série télévisée de 108 épisodes, diffusée en 1984, a rencontré un franc succès dès sa sortie. Elle a reçu en 1985 15 nominations aux Emmy Awards, un record pour l'époque. Le lieu de tournage, principalement le quartier Art déco de South Beach*, à Miami, relancera en quelque sorte cette partie de la station balnéaire aux façades délabrées et gangrenée alors par le trafic de drogue et la criminalité. On y voit deux policiers du Département de la Police de Miami-Dade (un ancien footballeur et un flic new-yorkais à la recherche de l'assassin de son frère) agir ensemble, sous les ordres du lieutenant Martin Castillo, pour traquer les délinquants de la ville. La série impose, côté mode, une certaine esthétique quant aux vêtements et accessoires portés à l'époque. Et même des marques européennes jusqu'alors très peu répandues aux États-Unis (Lanvin, Hugo Boss ou Versace) parviennent, grâce aux personnages, à percer le marché américain!

MIRACLE MILE

Cette section de la rue Coral Way entre Douglas Road et LeJeune Road, s'étendant sur quatre pâtés de maison, est le cœur névralgique du quartier résidentiel de Coral Gables*. Elle n'a rien de « miraculeuse », comme le laisse croire son nom, mais a reçu ce qualificatif parce qu'en faisant l'aller-retour entre les deux rues mentionnées, on parcourra exactement un *mile* (soit 1,6 km). Magasins design, épiceries fines, caves à vins, boutiques, bars et restaurants à la mode font partie du décor. Mais dans une ville où il est rare de marcher, Miracle Mile offre l'opportunité de laisser sa voiture et de se balader par ses propres moyens sur l'avenue et les rues des alentours. Le Miracle Theater, salle de cinéma historique Art déco construite en 1947 par William H. Lee, est l'un des bâtiments emblématiques de cette section où se trouve aussi le Colonnade Building, un édifice de 1926 occupé par un hôtel de luxe et des bureaux. À la fin de la promenade, le City Hall (hôtel de ville) est l'un des bâtiments les plus surprenants du quartier. Conçu en pierre corallienne, il fut inauguré en 1927 et faisait partie du projet plus vaste de George Merrick de créer une ville nouvelle, telle une Beautiful City, une cité idéale, mouvement urbanistique très en vogue au début du XXe siècle.

MONKEY JUNGLE

La jungle des singes est l'une des attractions les plus visitées en Floride. Situé à 44 km au sud de Miami, près de la municipalité de Cutler Bay, ce parc naturel de 12 hectares possède plus de 400 primates de 30 espèces différentes. Les visiteurs circulent à l'intérieur de tunnels tandis que les animaux vivent dans une ambiance naturelle de semi-liberté : « Où l'homme est en cage et les singes en liberté », telle est la devise du site. Une forêt amazonienne – la seule de l'Amérique du Nord – fut plantée dans ce décor insolite pour que les espèces ne soient pas dépaysées. Le parc fut fondé en 1933 par hasard lorsque le naturaliste Joseph DuMond a mis six macaques de Java en liberté afin d'étudier leurs comportements dans la végétation dense de cette partie de la Floride. La piscine, où certains singes plongent pour pêcher, reste le point fort du parc, ouvert 365 jours par an. Il ne faut pas s'étonner si quelques animaux vous tendent un bol afin que vous le remplissiez de cacahuètes, d'ailleurs vendues à l'entrée du site !

MONTÉE DES EAUX

Au fil des années, progressivement, les eaux de la mer montent. La Floride est une zone à haut risque. Dome Homes, une demeure extravagante, située à Caxambas Island, au sud de Marco Island et près de Cape Romano, en est la preuve. Au moment de sa construction en 1980 par un homme d'affaires à la retraite, elle se trouvait à plus de 100 mètres du rivage. La maison, sur pilotis, a été conçue comme une succession de pièces circulaires recouvertes de dômes blancs, afin que l'ensemble ait l'allure d'un vaisseau spatial. Le passage de deux ouragans, Andrew* (1992) et Wilma (2005), lui assena un coup fatal. Un nouveau propriétaire tenta de la sauver de la montée des eaux en construisant une digue, mais en 2007 le Département pour la Protection de l'Environnement ordonna que cette dernière soit retirée. Depuis, entièrement envahis par la mer, six dômes mystérieux émergeant des eaux peuvent s'apercevoir depuis la plage ! Cette curieuse et triste vision est tout ce qui reste de Dome Homes. Les chercheurs ont déjà donné leur avis : l'impact de la fonte des glaces de l'Antarctique sera néfaste pour la Floride. Les villes basses comme Miami, construites sur des sols calcaires, ne pourront pas être protégées par des digues, et risquent tout simplement d'être rayées de la carte !

MORIKAMI MUSEUM

George Morikami a fondé en 1905 la colonie de Yamato, près de Boca Raton. Aidé par Henry M. Flagler*, il s'y installa avec un groupe Japonais avec l'intention de développer la culture du riz et celle du thé, mais l'entreprise ne donnera jamais les résultats attendus. On lui doit le seul musée consacré à l'histoire des Japonais aux États-Unis. Dans l'ambiance d'une maison traditionnelle, ce dernier retrace la vie de cette étonnante communauté. Dans le café, on sert de la cuisine japonaise et on y organise des cérémonies de thé. La visite se complète par une promenade dans les jardins, inspirés eux aussi de ceux de l'empire du Soleil Levant.

MOUNT DORA

Relique assez rare de l'architecture d'inspiration victorienne de la fin du XIXe siècle, cette paisible ville du nord de la Floride, entre Ocala et Orlando*, a su conserver le charme discret des petites bourgades du sud des États-Unis. En se promenant sur Donnelly Street, on peut admirer l'extravagante Donnelly House, bâtie en 1893, parmi d'autres belles demeures conçues dans le style dit « steamboat », ainsi que de nombreux antiquaires. Un lac permet de faire des promenades en bateau et de pratiquer quelques sports nautiques.

N

NATURISME

Seule plage officielle dans son genre en Floride, Haulover Beach, entre Sunny Isles et Bal Harbour, à North Beach, est l'une des rares à être naturiste de tous les États-Unis. Des dunes protégées de toute construction la séparent de la route. Haulover dispose de douches, d'un poste de secours et d'un espace réservé aux grillades et barbecues. À la marina, de l'autre côté de la route, des pêcheurs vendent le matin du poisson frais. En 2013, la plage a battu le record de la plus grande concentration de personnes nues dans l'eau et a fait son entrée à ce titre dans le *Guinness Book* : quelque 800 baigneurs, soit une cinquantaine de plus qu'à Vera en Espagne !

NO NAME KEY

L'îlot sans nom est l'un des *keys** du petit archipel Lower, juste avant Key West*. Un refuge naturel pour les cerfs, le National Key Deer Refuge, occupe le territoire de cette portion de terre où jadis s'entraînaient les brigades de Cubains anticastristes dans le but de débarquer un jour sur l'île. Une route déformée et un pont en bois relient No Name Key à l'îlot de Big Pine, puis au Seven Mile Bridge. Quelques chalets en bois témoignent de l'époque où le lieu fut habité, et le No Name Pub continue, depuis les années 1930, à servir bières et casse-croûte aux pêcheurs et aux rares visiteurs. Plafonds et murs sont recouverts dans leur totalité de billets d'1 dollar américain. Les quelque 40 maisons habitées ne disposent ni d'électricité ni d'eau courante.

NORMANDY ISLE

Cette île de North Beach, partie nord de Miami Beach (à ne pas confondre avec North Miami Beach), possède la particularité d'avoir des rues au nom de villes françaises : Biarritz, Calais, Marseille, Bordeaux, Verdun, Vichy, Brest, Trouville, Versailles, Vendôme et même une Notre-Dame, évoquant la cathédrale parisienne. Le quartier fut tracé par l'Alsacien Henri Levy, en 1926. Côté nord, le Normandy Shores Golf Club est l'un des rares terrains de golf de Miami Beach. À l'extrémité ouest, avant le pont qui la relie aux îles de North Bay Village, le motel International Inn, bâti par Melvin Grossman en 1956, est considéré comme une icône du MiMo ; sur Normandy Drive, l'Union Planters Bank, un autre bâtiment de ce style, conçu en 1953 par l'architecte Francis Hoffman. Un *farmer market* se tient tous les samedis en face de la fontaine, à l'entrée de l'île. On apercevra également, à l'angle des rues Normandy et... Vichy, l'une des synagogues les plus grandes de la ville : Moses Temple.

NORTON (COLLECTION)

La Floride regorge d'œuvres d'art dans des musées privés ou publics. L'impressionnante collection de tableaux du magnat de l'acier et milliardaire Ralph Norton est exposée à West Palm Beach, au Norton Museum of Art, sur South Olive Avenue. Des chefs-d'œuvre de Matisse, Gauguin, Degas, Rodin et Cézanne côtoient ceux des maîtres de l'avant-garde tels que Braque, Picasso ou Brancusi, ou encore ceux des peintres américains les plus cotés, comme Jackson Pollock, Andy Warhol, Georgia O'Keeffe et Edward Hopper.

NUEVO HERALD (EL)

Le plus grand journal en espagnol des États-Unis a été publié en 1976 tout d'abord en supplément du quotidien anglais *The Miami Herald*. En 1986, il prit son autonomie sous le titre de *El Nuevo Herald*. Le journal a reçu en 2002 le prix Ortega y Gasset du journalisme et, depuis sa fondation, presque tous ses directeurs ont été d'origine cubaine. Son siège, au bord de la baie de Biscayne, était l'un des bâtiments les plus emblématiques du quartier jusqu'à sa récente démolition et son déménagement vers celui d'El Doral.

Cependant, le journal en espagnol le plus ancien de la Floride est le *Diario las Américas*, fondé en 1953 par Horacio Aguirre, un éditorialiste nicaraguayen. Considéré comme plus conservateur, il est le concurrent du *Nuevo Herald*. L'importance des diverses communautés hispaniques est telle dans le sud de la Floride que l'on recense maintenant des dizaines de chaînes de radio et de télévision dont la programmation est entièrement en espagnol.

O

OCEAN DRIVE

La façade Art déco* de Miami qui s'étend le long de la plage entre South Pointe et 15th Street, avec ses éclairages au néon, ses terrasses de clubs et de restaurants branchés, ses boutiques tape-à-l'œil et le défilé incessant de rollers, fait de ce front de mer de South Beach un lieu de référence lorsque l'on visite la ville pour la première fois. On passe ainsi devant la Casa Casuarina*, au numéro 116, la grande demeure du styliste italien Gianni Versace devant laquelle il fut assassiné en 1997. À l'ombre des palmiers, entre le macadam et le sable, le Lummus Park héberge les terrains de beach-volley et d'autres aires de jeux en plein air. Une horloge murale, au niveau de 14th Street, marque le cœur névralgique de cette promenade de bord de mer. Côté boîtes de nuit, le célèbre Nikki Beach (le premier d'une chaîne de clubs installés sur le sable à Saint-Tropez, Marbella, Saint-Barth, etc.) et le Mango's Tropical Café, un incontournable des soirées *latin fusion*, restent les destinations préférées des noctambules.

OKEECHOBEE (LAC)

Une digue de 6 mètres de haut, conçue après l'ouragan dévastateur de 1928, entoure le plus grand lac de Floride, qui est appelé également The Big O, à cause de sa forme circulaire parfaite. Son nom officiel est constitué des mots *oki*, voulant dire «eau» dans la langue des premiers habitants de la région, et *chubi*, «grand». La moitié de la production sucrière des États-Unis provient des sucreries aux alentours de Belle Glade, la ville la plus importante de la région, fondée en 1925; les champs de canne à sucre et de maïs rendent le paysage monotone. À Treasure Island, le champ de bataille d'Okeechobee (Okeechobee Battlefield) est devenu un parc historique qui commémore la bataille sanglante de 1837 contre les Indiens* séminoles. Une piste cyclable permet de parcourir une bonne partie des rives en s'appuyant, par moments, sur la digue. De nombreux villages fantômes, abandonnés tout au long du XXe siècle, font partie du paysage: Bean City, Clewiston, Taylor Creek, parmi les plus connus.

OLYMPIA THEATER

Fondé en 1926, le théâtre Olympia – le plus beau du centre de Miami – joue des comédies musicales et du vaudeville. Il fut construit par l'architecte John Eberson qui s'est inspiré du style mauresque de certains jardins andalous, puis rénové dans les années 1970 par Morris Lapidus*. Elvis Presley, Luciano Pavarotti, Ella Fitzgerald et Etta James se sont produits dans cette salle sauvée in extremis de la démolition par l'homme d'affaires et philanthrope Maurice Gusman, le fondateur du théâtre de l'université de Miami.

OPOSSUM

Il est fréquent de trouver à l'intérieur des maisons

ou dans les jardins de nombreux hôtels ce marsupial d'Amérique (*Didelphis virginiana*). D'aspect plutôt désagréable – il ressemble à un rat –, il est peu apprécié des fermiers qui l'accusent de manger leurs poulets. Cela n'empêche pas l'Anual Wausau Possum Festival de se tenir chaque année, depuis presque un demi-siècle, le premier samedi du mois d'août à Wausau, une petite ville du Panhandle*. Il évoque la présence abondante dans la région de cette espèce de sarigue et est animé par quelques parades, concours gastronomiques, concerts et activités ludiques pour les enfants.

ORANGES

Voir Agrumes

ORLANDO

Ses nombreux parcs à thèmes – dont les très connus Walt Disney World Resort* et Universal Orlando* – en font l'une des destinations les plus prisées de toute la planète, et la première des États-Unis. Mais, au-delà de sa multitude d'attractions gigantesques, Orlando s'avère être une ville à part entière. Son nom provient du soldat Orlando Reeves, tué en 1835 par une flèche empoisonnée lors de la deuxième guerre séminole. Peu développée avant l'ouverture du premier parc dans les années 1970, elle abrite un musée incontournable : l'Orange County Regional History Center, installé dans l'un des bâtiments les plus anciens du centre et dédié à l'histoire du centre de la Floride. La ville accueille également le Florida Film Festival qui se déroule dans l'Enzian Theater, un cinéma hors circuit commercial.

Orlando – où se trouve également le Maitland Art Center* – a une longue tradition des arts indépendants. Non loin de là, dans des faubourgs élégants, le quartier de Winter Park, tracé en 1880, abrite le Charles Hosmer Morse Museum of American Art qui se vante de posséder la plus complète collection de créations de Tiffany, le grand maître verrier new-yorkais.

OSCEOLA

Chef guerrier séminole qui s'est opposé à l'occupation des terres de sa tribu par les Américains, Osceola appartenait aux tribus indiennes venues d'Alabama qui avaient repeuplé la Floride après le départ de celles qui l'habitaient et des Espagnols vers Cuba. Il était l'un des caciques qui rejetèrent le pacte obligeant les Amérindiens à partir sur la rive ouest du fleuve Mississippi. Fait prisonnier par Wiley Thompson, le responsable des affaires indiennes auprès du gouvernement des États-Unis, il signa l'accord pour obtenir sa liberté. Mais le 28 décembre 1835, accompagné de ses hommes, Osceola tendit une embuscade où Thompson allait mourir, marquant ainsi le début de la deuxième guerre séminole*. L'affrontement durera une dizaine d'années. Appréhendé à nouveau et emprisonné à St. Augustine*, il y décéda de la malaria. C'est lors de son séjour en prison que le peintre George Catlin peignit son portrait, largement reproduit sur des gravures, mais aussi sur des boîtes de cigares.

OURS NOIR

Dans la liste des espèces menacées, on trouvait

jusqu'en 2013 l'ours noir de la Floride, prédateur redoutable habitant dans les forêts impénétrables de la côte ouest et visiteur occasionnel des fermes éparpillées dans ces contrées isolées. En 2015, afin de stabiliser la croissance de la population, la chasse du plantigrade a été autorisée pendant 48 heures pour la première fois depuis vingt et un ans. Au total 320 individus – sur une population de 4000 – furent alors abattus en dépit des protestations des associations écologistes et des défenseurs de la faune. La mesure a déclenché une forte polémique car, malgré l'interdiction de tuer les femelles en période d'allaitement, nombre d'entre elles furent en vérité éliminées. Responsables d'accidents de la route dans la région marécageuse des Everglades[A], les animaux se tiennent en général loin des zones peuplées et ne représentent aucun risque pour les visiteurs à condition de ne pas les importuner, lors d'une très improbable rencontre.

P

PALACIO DE LOS JUGOS

À l'angle des rues Flagler et 54, à Miami, le Palacio de los Jugos (Palais des Jus), inauguré en 1977, n'a rien d'un palais... C'est plutôt un endroit rustique où l'on vient pour déguster en plein air et à la bonne franquette des plats en les accompagnant d'une grande variété de jus et de milk-shakes à base de fruits tropicaux. Le lieu est idéal pour apprécier à des prix imbattables la cuisine cubaine et acheter des légumes et des fruits que l'on ne trouve nulle part ailleurs, comme le *mamey* (sapote), le *caimito* (caïmite) et l'*hicaco* (l'icaque). Le succès du premier établissement a permis d'ouvrir d'autres enseignes un peu partout dans la ville, notamment à Hialeah et à Westchester.

PANHANDLE

Appelé *panhandle* pour sa forme de manche de poêle, c'est la région qui compte les seize comtés les plus à l'ouest et au nord de la Floride, entre Tallahassee* et Pensacola*. On y trouve les plus belles plages des États-Unis (Destin, St. Andrews, Grayton, Fort Walton, Navarre, Pensacola, Santa Rosa, Panama City et Perdido Key), parmi les moins fréquentées et les plus naturelles de la péninsule. Les ouragans et les basses températures des mois d'hiver ont joué un rôle essentiel dans la conservation de ce littoral, moins exposé à la spéculation immobilière que la côte est. La petite ville de Destin, ancien hameau de pêcheurs, est considérée comme le port de pêche au débit de poissons le plus important de tout le pays. Les concours de pêche et les festivals de gastronomie de la mer se succèdent tout au long de l'année. Quant à Fort Walton, située dans ce que l'on surnomme la « Côte Émeraude » pour la couleur de ses eaux, c'est une destination très prisée pour pratiquer la plongée sous-marine. Le Gulfarium, un parc nautique où l'on peut observer des dauphins, des phoques et des alligators, parmi d'autres animaux, en est l'une des attractions les plus visitées. Milton, un peu plus au nord de Pensacola, dans les terres, est quant à elle « la capitale du canoë » : les amateurs peuvent suivre un parcours de 50 km tout au long du fleuve Blackwater, dont les eaux noires forment d'étonnantes plages et lacs avant de se jeter dans le golfe du Mexique.

PANTHÈRE

La panthère de Floride, dite aussi lion des montagnes ou cougar (*puma cocolor coryi* de son nom scientifique), est un félin protégé depuis 1973 (il fait partie des espèces menacées). Semblable à un gros chat sauvage, son habitat originel s'étendait sur tout le sud de la Floride, mais depuis un demi-siècle, celui-ci s'est vu limité aux zones marécageuses de Big Cypress où l'on compte moins d'une centaine d'individus. Sa régression est due non seulement à la consanguinité de l'espèce, mais aussi à la multiplication de la population humaine entraînant l'assèchement d'une bonne partie des Everglades*. L'élevage en captivité de ce félin aux tons fauves a été l'une des mesures prises face à l'inquiétante diminution des individus.

PARROT JUNGLE PARK

Inauguré en 1933 par l'Autrichien Franz Scherr et sa femme sur un lopin de terre qu'ils avaient acheté dans la zone de Homestead, le Parrot Jungle (plus tard Jungle Island lorsqu'il fut déplacé sur Watson Island, l'un des îlots de la baie de Biscayne, entre Miami Beach et Downtown) est l'un des parcs animaliers les plus anciens de la côte est du pays. Anciennement consacré aux perroquets – d'où son premier nom –, il a reçu au fil des années de très nombreux oiseaux et différentes espèces de primates qui cohabitent aujourd'hui avec le « ligre » Hercules, le plus grand félin au monde, une étrange espèce hybride entre une tigresse et un lion. On compte des orangs-outans jumeaux, des caïmans, des pythons, des iguanes et des pingouins africains. L'un des plus célèbres visiteurs, Winston Churchill, avait même offert au parc les deux dindes qu'il avait reçues lors de sa visite au Texas.

PENSACOLA

Fondée par le conquistador espagnol Tristán de Luna* en 1559 au bord de la mer à l'extrême nord-ouest de la Floride connue sous le nom de Pandhandle*, Pensacola dispute à la ville de St. Augustine* la première implantation d'Européens sur le territoire actuel des États-Unis. Les drapeaux espagnols, britanniques et français se succédèrent, puis celui des États confédérés et de la nation américaine proprement dite. La Fiesta of Five Flags* s'y tient tous les ans depuis 1954.

Dans les quartiers les plus anciens, on admirera le style néoclassique de l'architecture du sud aux alentours de Seville Square et Zarragossa Street. Comme en témoigne le nom des rues, l'influence coloniale espagnole y est omniprésente, et les deux plus anciens quartiers (Historic Pensacole Village et North Hill Preservation District) offrent une succession de demeures inspirées de cette époque. Dans l'ancienne mairie, le T.T. Wentworth Jr. Florida State Museum accueille une intéressante et hétéroclite collection d'objets liés à l'histoire de la ville. Quant au National Naval Aviation Museum, inauguré en 1963, il est considéré comme le plus grand musée de l'aviation navale du monde. On y admirera des porte-avions, des avions de combat, les fameux Blue Angels, les premiers appareils d'entraînement et des dirigeables parmi la centaine d'appareils exposés. Un simulateur de vol permet de vivre l'expérience d'un combat aérien, une capsule spatiale contenant les tenues des astronautes et d'autres souvenirs de l'épopée américaine dans l'espace complètent la visite.

PONCE DE LEÓN, JUAN

Le premier gouverneur de Porto Rico fut aussi le conquistador de la Floride (1460-1521). Compagnon de Christophe Colomb lors de son second voyage au Nouveau Monde, originaire de Valladolid, Ponce de León avait rejoint les troupes du roi catholique Ferdinand d'Aragon au moment de l'expulsion des Maures de la ville andalouse de Grenade. En 1513, il équipa trois navires et partit depuis San Juan à la conquête de la Floride où il accosta aux alentours de l'actuelle plage de Melbourne. Il prit possession de cette terre au nom du roi d'Espagne et la baptisa « Floride » car il l'avait découverte un dimanche des Rameaux, lors des Pâques fleuries (« Pascuas floridas », en espagnol). La péninsule est d'ailleurs l'une des rares terres de la mer des Antilles à avoir toujours conservé le même nom. Plus tard, en 1521, Ponce de León organisa avec 200 hommes et prêtres la colonisation de la région, mais l'expédition tourna au drame lorsque les Espagnols furent attaqués par les Indiens* Calusa. Mortellement blessé par une flèche empoisonnée, il décéda quelques jours plus tard à La Havane, où les hommes de sa troupe s'étaient réfugiés. On lui doit la découverte du Gulf Stream, le corridor maritime qui allait faciliter la navigation entre les Caraïbes et l'Europe pendant plus de trois siècles. À Miami, un long boulevard qui traverse en diagonale le quartier de Coral Gables* perpétue la mémoire du célèbre conquistador.

R

REQUINS ET MÉDUSES

Si vous comptez vous baigner dans le comté de Volousia (sur la côte de Daytona Beach*), sachez que c'est dans ses eaux que vous aurez le plus de chance de rencontrer des requins. Toutes les espèces ne représentent pas une menace pour l'homme, mais de temps en temps, on apprend que l'un de ces prédateurs s'est attaqué à un nageur. Plus de 10 000 spécimens à pointe noire ont été repérés en février 2016 à quelques mètres de la plage de Palm Beach. Un phénomène considéré comme tout à fait normal car, en période hivernale, ils migrent vers des eaux plus chaudes. Ceci dit, les décès par noyade, piqûre de méduses ou par la foudre lors de violents orages sont plus fréquents que ceux par les morsures du squale.

Le drapeau violet avec un sigle de méduse noire, flottant sur les plages, indiquera la présence de ces gélatineuses bestioles dont l'espèce la plus dangereuse et la plus redoutée est la Galère portugaise ou Vessie de mer, sorte de ballon ovale translucide et multicolore…

RIBAULT, JEAN

Explorateur huguenot français né à Dieppe en 1520, Jean Ribault s'engagea en 1562 dans l'expédition de Gaspar de Coligny dont le but était d'établir une colonie de protestants français en Amérique. En arrivant aux abords de la ville actuelle de Jacksonville, il fonda le fort de Charlesfort (la future colonie espagnole de Santa Elena), en l'honneur du roi Charles IX, avant de revenir en France et de relater son aventure en 1563 dans *La Complète et Véridique Découverte de la «Terra Florida»*. Il repartit en 1565. Surpris par les soldats de Pedro Menéndez de Avilés, il fut capturé, puis exécuté avec les autres membres de sa troupe. Cet événement marqua la fin de la présence française dans la péninsule. Un mémorial lui a été consacré dans sa ville natale normande en 1857.

RINGLING MUSEUM OF ART

Incroyable destin que celui de John Ringling, devenu l'un des hommes les plus fortunés de l'État grâce à son célèbre cirque, le Ringling Bros. and Barnum & Bailey Circus, et à l'extravagance des numéros représentés. Amateur d'art, amoureux de l'Italie et grand collectionneur, il construisit un grand domaine à Sarasota dont le bâtiment principal, appelé Cà' d'Zan, s'inspirait des palais gothiques vénitiens. Doté d'une luxueuse salle de bal, d'une grande cour centrale, de galeries en marbre et de quelque 45 chambres, décorées dans le style hétéroclite des demeures aristocratiques de la Renaissance, du baroque et du classicisme italiens, cette résidence d'hiver, bâtie en 1925, fut léguée par Ringling en 1936 à l'État. Le musée renferme des dizaines de pièces d'une grande valeur, parmi lesquelles quatre chefs-d'œuvre de Rubens, des toiles de Joshua Reynolds, Lucas Cranach le Jeune, Nicolas Poussin, Frans Hals, Véronèse, un célèbre portrait du roi d'Espagne Philippe IV peint par

Velázquez, un tableau du Greco et une huile sur bois de Piero di Cosimo datant de 1515, considérée comme la pièce maîtresse de cette collection insolite. Un petit théâtre italien occupe la galerie ouest de la bâtisse.

Unique en son genre, le Circus Museum, créé en 1948, renferme une superbe collection concernant l'histoire et l'évolution du cirque. La maquette miniature rappelle l'importance du Howard Bro Circus, une entreprise où travaillaient 1200 personnes et quelque 1000 animaux. La bibliothèque est aussi l'une des plus riches du sud des États-Unis. Après plus de cent ans de spectacles, le Ringling Bros. a cessé ses activités en 2017.

RIPLEY'S BELIEVE IT OR NOT!

Cette étrange maison inclinée à l'intérieur du parc International Drive (surnommé tout simplement « I-Drive »), entre les parcs d'attractions Walt Disney World* et Universal Orlando* a été conçue par Robert Ripley, prestigieux créateur de dessins animés, pour stocker la plus grande quantité d'objets insolites possible. Le bâtiment est déjà une bizarrerie : à moitié enfoncé dans la terre, il penche côté droit, donnant l'impression qu'il en faut peu pour qu'il s'effondre.

RODÉOS

La très colorée ville d'Arcadia reçoit depuis les années 1920 les passionnés de sports équestres. Rodéos et compétitions de ce genre sont courants dans la capitale du cheval, qui accueille une fois par an le Championnat de rodéo de Floride (All-Florida Championship Rodeo).

Les cow-boys, de véritables athlètes, mesurent leur habilité et tentent de rester le plus longtemps possible sur des chevaux sauvages sans tomber. Dans les rues principales, le Koch Arcade Building et le Schlossberg Camp sont deux bâtiments historiques dans le style revival des années 1920 qui rappellent les origines de cette paisible bourgade.

RUZ, ELENA

Le nom de cette dame havanaise est resté associé à un sandwich réputé pour son originalité. On raconte que la première recette fut une création d'Elena Ruz Valdés-Fauli lorsque, jeune étudiante, elle fréquentait la cafétéria du Carmelo de Calzada, à La Havane, rendez-vous obligé de la bourgeoisie cubaine dans les années 1920 et où elle demandait à chaque fois qu'on lui prépara un en-cas qui ne se trouvait pas sur la carte. Toasté, légèrement tartiné de beurre, le pain de mie se voyait recouvert de fromage de type Philadelphie, de blanc de dinde et de confiture de fraise ! On dit que les meilleurs Elena Ruz de Miami (où le sandwich fut repris par les exilés) sont élaborés chez Sergio's, un restaurant fondé en 1975 sur l'avenue Coral Way.

S

S & S DINER

L'un des restaurants emblématiques de Miami, dans Downtown, a ouvert ses portes en 1938. Aujourd'hui, le quartier a tellement changé qu'on reconnaîtrait à peine le lieu si le bon vieux S&S Diner n'était pas encore là. C'est ici que l'on savoure, comme on le faisait plus d'un demi-siècle auparavant, assis autour d'un comptoir ovale, le fameux *reuben corned-beef*, un hamburger 100 % viande et le délicieux *tuna melt* avec du fromage fondant. Il est conseillé de ne pas trop attendre pour le visiter : les voraces promoteurs immobiliers du projet Brickell City Center (le plus vaste chantier de Miami depuis 2015) rêvent de démolir ce petit coin de paradis qui rend heureux les nostalgiques des goûts d'antan.

SAINT BERNARD DE CLAIRVAUX

On a du mal à croire que l'on puisse trouver à Miami un monastère espagnol cistercien du XIIe siècle. Ce bâtiment historique a été érigé en 1141 par le roi de Castille et de León, Alphonse VII, sur les terres du domaine de l'abbaye de Santa María la Real, dans la province de Ségovie. Il y demeura jusqu'à ce qu'on le démontât, pierre par pierre, en 1925, pour le transporter aux États-Unis dans près de 11 000 caisses. Acheté par le milliardaire William Randolph Hearst, le Citizen Kane du film d'Orson Welles, les pierres restèrent stockées jusqu'en 1952 en raison de difficultés économiques rencontrées par son propriétaire. Le monument, racheté par deux passionnés d'art européen, a été «reconstruit» minutieusement pendant deux ans à partir de 1964, et replacé dans le quartier de North Miami Beach où l'on se presse aujourd'hui pour admirer l'un des édifices les plus insolites de la Floride.

SAN CARLOS CLUB

L'étonnant bâtiment néoclassique du Club San Carlos de Key West*, sur Duval Street, a été construit en 1890 par Martín Herrera, riche propriétaire cubain exilé à l'époque des guerres d'émancipation contre l'Espagne. Très endommagé par un ouragan en 1919, il a été reconstruit en 1924. L'édifice, surnommé «le bijou de Key West», appartenait à la République de Cuba, chargée de l'entretenir jusqu'à ce que ce que le régime communiste de La Havane coupe les ponts avec la communauté installée en Floride. Il sombra dans l'oubli et menaçait de devenir une ruine lorsqu'une commission créée par l'avocat Rafael Peñalver prit l'affaire en main et souleva les fonds nécessaires pour le sauver. En 1992, le San Carlos, devenu un Institut d'Histoire, a rouvert ses portes. Il abrite aujourd'hui de très nombreux événements: festival de cinéma de Key West, journées littéraires, concerts et expositions.

SAN MARCOS CASTLE

Bâti par les Espagnols entre 1672 et 1695 pour protéger la colonie de San Agustín (l'actuelle St. Augustine*), le château de San Marcos est le plus ancien fort des États-Unis. Pour sa construction, on utilisa une pierre sédimentaire calcaire, appelée *coquina*, apportée de l'île Anastasia située au large, et de la main-d'œuvre en provenance de La Havane. La forteresse résista à plusieurs attaques anglaises avant d'être cédée en 1763 par le traité de Paris aux autorités britanniques qui la rebaptisèrent Fort St. Mark. En 1783, lorsque la Floride redevint espagnole, le château retrouva son nom d'origine. Classé monument national en 1924, il s'étend sur 10 hectares. Le bâtiment fut construit autour d'une place d'armes, entourée de différentes pièces et bastions. Destiné à accueillir des expositions temporaires, le château peut être également visité dans son intégralité.

SANIBEL & CAPTIVA ISLANDS

Ces îles paradisiaques sur les rivages du golfe du Mexique, côté est de la Floride, sont mondialement connues pour leurs plages recouvertes sur plusieurs kilomètres d'une couche de coquillages. L'orientation des îles, dans l'axe est-ouest, en même temps que les courants qui les entourent, ont contribué à l'extraordinaire abondance et variété de spécimens de mollusques (plus de 400 types). Un pont à péage relie Fort Myers à Sanibel, et un autre de cette dernière Captiva. Les deux îles font partie de la réserve naturelle J. N. Ding Darling, d'une très riche biodiversité. On peut se rendre au vieux phare de Sanibel, ainsi qu'à son insolite Bailey-Matthews Shell Museum, entièrement consacré aux coquillages venus du monde entier. Hormis les longues balades à vélo, l'attraction principale des îles est... le ramassage de coquillages! À tel point que certains hôtels fournissent à leurs clients des sacs spécialement conçus pour cette activité. On appelle *sanibel stoop* la façon particulière des «conchyophiles» de se pencher pour prélever sur le sable les spécimens les plus recherchés, à marée basse notamment. On sera agréablement surpris par l'ambiance décontractée de l'île, par ses maisons sur pilotis camouflées çà et là au milieu d'une nature dense et verdoyante, et par des couchers de soleil à couper le souffle.

SCARFACE

Tourné en 1983 et dirigé par Brian de Palma, il s'agit d'un remake du film homonyme *Scarface, the shame of a Nation* (1932) de Howard Hawks. Dans ce dernier, un trafiquant d'alcool italien bâtissait un empire à Chicago durant la prohibition, alors que dans la version de De Palma les événements se déroulent à Miami et le personnage principal est Tony Montana, interprété par Al Pacino, un délinquant cubain fraîchement arrivé dans la ville par le pont maritime du Mariel*. Pour accomplir le rêve américain, Montana accepte des petits boulots à Little Havana*, mais ne tarde pas à entrer dans la pègre liée au trafic de drogue. Sa réussite est flagrante: il s'installe dans une demeure de luxe, roule dans des voitures dernier modèle et commence à fréquenter les milieux aisés de la ville. Mais l'argent, le sexe et la drogue le conduiront à sa perte tout au long d'une histoire dans laquelle les scènes de violence furent très mal perçues par la critique avant que le film ne soit considéré comme culte.

SEAQUARIUM

Connu pour la grande quantité d'espèces marines présentes, l'aquarium de Miami, situé sur Virginia Key, offre également la possibilité de nager avec des dauphins ou de passer une journée à domestiquer des lions marins. Au moment de son inauguration en 1955, le Seaquarium était le parc marin le plus grand au monde. Aujourd'hui, il continue à attirer un demi-million de visiteurs par an. Il possède également un *shark channel* (tunnel de requins) où l'on observe de près plusieurs espèces de ce redoutable prédateur. C'est d'ailleurs ici qu'a été tournée, en 1963, la série télévisée *Flipper**, avec un dauphin né dans son delphinarium. La célèbre orque Lolita est confinée depuis plus de quarante ans dans un bassin étroit et sans protection contre les rayons du soleil, ce qui a déclenché une grande controverse toujours d'actualité.

SÉMINOLES

Voir Indiens.

SILVER SPRINGS

Les « sources argentées », près d'Ocala, tenues pour les plus grandes sources artésiennes de la planète, sont ouvertes au public depuis 1878. Considérées comme l'un des principales attractions touristiques de la Floride, elles déversent plus de 2 000 millions de litres d'eau cristalline par jour pour alimenter la rivière Silver. Les bateaux à fond de verre permettent d'admirer les profondeurs lors des balades entre les forêts de cyprès et une luxuriante végétation tropicale. Un petit zoo et un parc d'alligators complètent la visite de ce petit paradis peu visité.

SLOPPY JOE'S BAR

L'endroit occupé aujourd'hui par Captain Tony's Saloon, sur Green Street, fut pendant longtemps le rade où l'on pouvait rencontrer Ernest Hemingway* pendant ses longs séjours à Key West*. Client du Sloppy Joe's de La Havane, il suggérera au propriétaire d'alors de reprendre le même nom. Il y passait tellement de temps qu'on retrouva quelques-uns de ses manuscrits dans l'arrière-boutique après son décès. Le bar actuel, sur Duval Street, nourrit la nostalgie des années 1940 et organise chaque année le célèbre concours de sosies de l'écrivain (Hemingway's Contest). Depuis 1981, il fait partie des lieux inscrits au patrimoine historique de l'État de Floride.

SPANGLISH

L'immigration hispanique de longue date a façonné l'espagnol pratiqué dans le sud de la Floride, mais aussi, en sens inverse, l'anglais qu'on y parle. Le *slang* (argot) typique de Miami a une connotation identitaire car il permet aux différents groupes d'émigrés de se distinguer et de déterminer, à peu près, l'époque où chaque individu s'y est établi.

Il est ainsi devenu presque une norme d'utiliser, par exemple, les verbes *chequear*, de l'anglais *to check* (à la place de *verificar*, vérifier), *janguear* pour *to hang* (s'amuser) et *lonchear*, à l'origine *to have lunch* (pour *almorzar*, déjeuner). Un rendez-vous n'est plus *una cita*, mais un *appointment*, de même qu'un *trailer* est une remorque, et un *jaiwey* (*highway*), une voie rapide ou autoroute. Le City Hall remplace l'Ayuntamiento (Hôtel de Ville) et le *market* le *supermercado* (supermarché). Une *porción* (portion) de tarte ou de pizza sera une *slice* et commettre un délit quelconque sera un *crimen* et non plus un *delito*. Si quelqu'un est fatigué, il dira qu'il aimerait *coger un break* (faire une pause) au lieu de *parar un rato*. Sans compter que tout le monde ira *fine* (au lieu de « bien ») et vous aurez souvent *right* (au lieu de *razón*, raison).

Le Palacio de los Jugos* de Coral Way, à Miami, annonçait il n'y a pas si longtemps « Nuestros jugos no tienen preservativos » (nos jus n'ont pas de conservateurs). Or, en espagnol, un *preservativo* ne signifie pas comme en anglais un « conservateur », mais exclusivement une capote ou *condom* ! Une nuance qui ne passerait pas inaperçue chez les hispanophones du reste du monde, mais qu'un Latino de Miami ne remarquera guère.

ST. AUGUSTINE

Pensacola* était la première colonie espagnole en Floride, fondée en 1565 par l'amiral Pedro Menéndez de Avilés. Elle est considérée comme la plus ancienne ville des États-Unis avec la plus vieille maison du pays (celle de González Álvarez), l'école la plus ancienne (une maisonnette en bois de 1788 au numéro 14 de la rue Saint-George, appelée Oldest Wooden Schoolhouse) ou la première prison (sur l'avenue San Marco)... Attaquée par le pirate Francis Drake en 1586, puis par les Anglais à deux reprises en 1702 et 1740, elle tombe sous l'influence britannique lorsque les Espagnols furent obligés de quitter la Floride en 1763.

Un peu trop retapée à la « sauce américaine », l'esthétique appliquée à la conservation de la ville ne fait pas l'unanimité. Pour certains, elle ressemble plutôt à un décor d'opérette !

STONE HOUSE

Au sud de Coconut Grove*, Charles Deering – le frère du propriétaire de la Villa Vizcaya* – acheta dans les années 1920 un grand terrain appelé alors Cutler pour y construire une maison en roche corallienne et une auberge, devenues par la suite l'un des rares témoignages de l'architecture vernaculaire des premiers planteurs. Grand collectionneur, il fit venir tapisseries, tableaux de maîtres et moult objets d'art, ainsi qu'une collection de fossiles d'animaux préhistoriques. Acheté par les autorités de la ville, le domaine peut être visité accompagné d'un guide. Les 50 hectares environnants de palétuviers et de marais salants sont tout aussi intéressants que la visite de la propriété. On peut rejoindre également, à bord d'un canoë, l'îlot Chickent à la nature exubérante.

STRANAHAN HOUSE

La maison la plus ancienne de Fort Lauderdale* a été construite en 1901 par Frank Stranahan, originaire de l'Ohio et l'un des premiers à s'installer dans la région. Précédée au premier étage d'une véranda en bois ombragée, elle servait de dépôt-vente pour les produits que son propriétaire échangeait avec les Amérindiens. Le mobilier de l'époque de Stranahan a été conservé, tout comme les documents illustrant la vie des premières années d'existence de la ville. De nos jours, cette vieille bâtisse en bois, miraculeusement sauvée de la démolition, se retrouve coincée entre canaux et édifices modernes.

SUCRE

La Floride est le plus grand producteur de sucre des États-Unis et la plupart des plantations et des usines se trouvent aux alentours des bourgades Belle Glade et Clewiston, au sud du vaste lac Okeechobee*. Cette industrie est essentiellement aux mains d'une famille d'exilés cubains, les Fanjul, propriétaires de la Florida Crystal et des marques Domino et RedPath, eux qui avaient perdu leurs domaines sucriers à Cuba (le troisième au monde en 1959) lorsque Fidel Castro les nationalisa après le triomphe de la révolution. L'une des fabriques peut être visitée à Okeelanta, près de South Bay. Elle se veut une industrie du XXIe siècle qui utilise les énergies renouvelables en transformant quelque 2 millions de tonnes de déchets de canne à sucre par an en combustible.

T

THRILLER

C'est à Miami que Michael Jackson a tourné, en 1983, l'un des plus grands succès de sa carrière, le clip *Thriller.* Il a choisi comme cadre le Charlotte Jane Memorial Park, connu aussi sous le nom de Coconut Grove Bahamian Cemetery (Douglas Road/35th Street), le cimetière dédié à la très importante communauté de Bahamiens, dont le Bahamas Gombay Festival* anime les rues de Coconut Grove* en été.

TONGERS

La baie d'Apalachicola, dans ce qu'on appelle le « Panhandle* » au nord-ouest de l'État, est un écosystème d'une extrême richesse. C'est là qui habitent les *tongers,* les pêcheurs de la baie, qui sillonnent ces eaux sur de petites barques tous les jours, garantissant ainsi la fraîcheur des produits servis par les restaurateurs d'Apalachicola. Une grande quantité d'espèces marines prolifère dans ses eaux peu profondes et ses marais salants. Crabes bleus, huîtres, crevettes, oursins et autres crustacés sont commercialisés par les pisciculteurs du lieu, dont la réputation s'étend au-delà des frontières de l'État. Un Seafood Festival se tient tous les ans dans la petite ville, avec au programme concours de pêche et dégustations. Tout au long des plages, on aperçoit des maisons en bois construites sur pilotis pour se protéger des inondations et des raz-de-marée provoqués par les ouragans, et avec des vérandas semi-couvertes au premier étage, dans le style de l'architecture du sud des États-Unis.

TOUR ANTIMOUSTIQUES DE PERKY

Espérant faire de Sugarloaf Key la plus belle station balnéaire du sud de la Floride, le promoteur R. C. Perky comprit que son rêve pouvait se concrétiser uniquement s'il arrivait à se débarrasser des moustiques. Pour ce faire, il suivit, en 1929, les conseils d'un agent texan de la santé, le Dr Charles Campbell, qui lui suggéra de construire une tour en bois de 10 mètres de haut pour attirer les chauves-souris grâce à un appât préalablement disposé a l'intérieur. Sa théorie était que ces dernières devaient en finir avec les nuées d'insectes qui perturbaient la vie des visiteurs. Cependant, les chauves-souris ne sont jamais venues, l'entreprise de Perky fit faillite et l'étrange obélisque est resté là au plus grand étonnement des touristes qui se rendent dans ces contrées lointaines.

Les moustiques ont toujours été les ennemis des visiteurs de ces régions marécageuses recouvertes de mangroves. Leur présence s'est dernièrement manifestée sous la forme d'une maladie qu'ils transmettent – Zika, un virus de la famille de la dengue ou du chikungunya –, provoquant de la fièvre et divers types d'éruptions cutanées chez les malades. En Floride, certains se plaignent que les remèdes contre ces insectes ont été pires que la maladie, aux cas recensés peu nombreux.

En effet, les pulvérisations aériennes de puissants insecticides s'avèrent plus nocives pour la santé que le moustique lui-même !

TOUR DE LA LIBERTÉ

Se détachant de la *skyline* du boulevard Biscayne*, près de Downtown Miami, cette tour de 88 mètres de haut, inspirée de La Giralda de Séville, fut pendant longtemps l'édifice le plus haut de la ville. Érigée en 1925, la Freedom Tower était le siège du journal *News & Metropolis* jusqu'à ce que celui-ci déménage dans d'autres locaux. Abandonné, le bâtiment deviendra dès 1959 le premier centre d'accueil des exilés cubains fuyant le régime de Castro. Sauvé de la démolition grâce à Jorge Mas Canosa qui l'acheta pour la Fondation Cubano-Américaine en 1997, il fut restauré, transformé en galerie et salle de réunion et, en 2008, inscrit au registre national des bâtiments historiques. Une chapelle ardente devant laquelle défilèrent des milliers de personnes fut installée en 2003 lors des funérailles de la chanteuse cubaine Celia Cruz. Depuis, la tour a servi de cadre à de grandes rétrospectives d'art sur Dalí, Goya, Léonard de Vinci...

U

UNCLE TOM'S BARBECUE

Cette vieille enseigne de la Calle Ocho*, à Miami, se consacre depuis son ouverture en 1948 à l'une des spécialités américaines : le barbecue. Installée dans une maison datant de 1926, l'une des plus anciennes de la rue, elle détient le secret de la sauce *fantis*, spécialement créée par les premiers propriétaires pour accompagner les grillades. L'incendie de 2014 n'a guère changé son décor ni le savoir-faire gastronomique. Bien au contraire, il a permis de rénover le lieu et de reprendre certaines recettes originales comme le sandwich au porc, le *brisket* (du porc laqué) et le *pulled pork*. Son succès indéniable a rendu possible l'ouverture d'autres franchises à Hialeah, West Kendall et Pinecrest, mais le restaurant original reste toujours celui de la Calle Ocho.

UNIVERSAL ORLANDO

Venu s'ajouter en 1990 au Walt Disney World Resort*, Universal Orlando est constitué de deux grands parcs thématiques en hommage au cinéma américain. La visite commence en général par Universal Studios Florida où l'on retrouve le décor d'origine de nombreux films à succès et la reproduction de lieux rendus célèbres par le septième art. Dans la section New York, par exemple, on peut voir la réplique des bâtiments de Manhattan tels la New York Public Library et même le restaurant italien Louie's, où ont été tournées quelques scènes du *Parrain*. D'autres attractions comme Twister Ride It Out permettent de vivre en 3D les effets spéciaux de films, comme le passage d'une énorme tornade prête à tout emporter. Une section est, bien évidemment, consacrée à Hollywood et à l'âge d'or du celluloïd américain avec des reproductions d'Hollywood Boulevard et de Rodeo Drive. Une autre ville recréée, San Francisco, possède même le kiosque où l'on achète les tickets pour embarquer vers l'île d'Alcatraz ! Il est possible de rencontrer les stars mythiques dont le rôle est interprété par des comédiens prêts à dîner avec leurs fans – sur réservation bien sûr !

À Universal Studios, s'ajoute Islands of Adventure (ancien Explorer Islands of Aventure), très à la pointe en matière de technologie. Harry Potter et Jurassic Park sont les divertissements les plus appréciés, mais on compte également un parcours aquatique et des montagnes russes à grande vitesse. Des appareils capables de vous faire entrer dans le décor en 3D de films, de catapulter les spectateurs dans les airs, dans de gigantesques chutes d'eau ou encore dans le cours déchaîné d'une rivière, font monter l'adrénaline des visiteurs. Dans cet univers fictif, le complexe Universal City Walk est la porte d'accès à toutes les attractions et l'endroit où se trouve la presque totalité de restaurants, magasins, hôtels, boîtes de nuit et cinémas. On pourra dîner dans le plus grand Hard Rock Café du monde ou dans des restaurants tenus par des grands chefs étoilés.

V

VENETIAN POOL

La piscine publique « Venise » a été créée en 1924 sur le boulevard De Soto, dans le très chic quartier de Coral Gables*, à Miami. Elle a la particularité d'être semi-naturelle car des sources jaillissent d'un puits artésien à l'endroit où elle fut aménagée. Une ancienne carrière de corail de laquelle fut extraite la pierre pour la construction des premières demeures du quartier est à l'origine du bassin contenant 3 100 m^3 d'eau. Classée par le *National Register of Historic Places*, elle est bien la seule piscine des États-Unis à bénéficier de ce statut exceptionnel. Chutes d'eau, grottes et végétation verdoyante de palmiers agrémentent ce décor de rêve dans lequel se prélassent, pour une poignée de dollars, adultes et enfants. Malgré les successives restaurations du lieu, la piscine a conservé son aspect originel comme en témoignent les photos montrées dans le hall d'entrée.

VERSAILLES

À Miami, au cœur de la Calle Ocho* et de South West (angle 35th Avenue), le temple de la gastronomie cubaine a été fondé par l'homme d'affaires Felipe Valls en 1971. Avec ses miroirs, ses lampadaires et ses tapisseries vertes, façon kitsch, des fastes du palais des rois de France, il peut accueillir jusqu'à 370 couverts répartis entre les salles du restaurant, la cafétéria et le salon de thé. C'est le lieu de rassemblement des Cubains*, mais aussi de tous les candidats à la présidence des États-Unis. Ils y sont passés, et même dîné, afin de rencontrer les leaders politiques de l'exil et de récolter les voix de la très nombreuse communauté cubano-américaine. Le succès grandissant a permis au restaurant de s'étendre jusqu'à l'aéroport de Miami et de fonder une autre enseigne : La Carreta, dont la plus ancienne salle se trouve à quelques mètres du Versailles. C'est devenu maintenant une chaîne et d'autres La Carreta ont été ouvertes un peu partout dans la ville, puis à Hialeah, Miramar et Pembroke Pines.

Parmi les plats à goûter absolument : la soupe de bananes plantains, le *tamal en cazuela* (sorte de polenta cubaine avec du maïs et de la viande de porc), la *ropa vieja* (flanchet de viande rouge séparée en filaments et mijotée dans une sauce très relevée), la crème de *malanga* (taro) et le fameux sandwich cubain à base de jambon, de *lomo de cerdo* (filet mignon), de fromage, de cornichons et de moutarde. Côté gâteaux, on retrouve l'influence française dans la pâtisserie cubaine avec les *señoritas* (sorte de millefeuille), le *menesier* (sablé à la goyave importé à Cuba depuis l'ancienne colonie française de Saint-Domingue), mais aussi les *pasteles* (feuilletés) de goyave et de coco ou la *panetela borracha* (genre de baba au rhum) que les gens du coin ont l'habitude d'accompagner avec un *café con leche* (café au lait) ou un *ironbeer*, une boisson sucrée, carbonatée et caramélisée créée à Cuba en 1917 et ressuscitée à Miami par les anciens propriétaires de la marque.

VINOY RENAISSANCE HOTEL

Cet hôtel de St. Petersburg est considéré comme l'un des meilleurs exemples du style Mediterranean Revival* très en vogue dans les années 1920. Construit en 1925 par l'architecte Henry L. Taylor et commandé par le magnat du pétrole Aymer Vinoy Laughner, il fut inscrit en 1978 sur la liste des sites patrimoniaux des États-Unis et rénové. On le prétend hanté : certains témoins racontent avoir été retenus de force dans leurs rêves et se réveiller en trouvant les portes de leurs chambres grandes ouvertes ou condamnées. Sans compter les robinets qui s'ouvrent et se ferment sans motif apparent !

VINS DE FRUITS

Désireux de posséder un domaine viticole que le climat de la Floride ne permettait pas, les époux Schnebly ont cherché à obtenir du vin à partir des fruits tropicaux de leur vaste ferme de Homestead, à Redland (Schnebly Redland's Winery). Mangues, goyaves, litchis et caramboles, entre autres, suivent un processus spécial de vinification afin d'obtenir vins et bières que l'on déguste lors des visites guidées ou pendant les soirées musicales organisées. Construit en 2004, le bâtiment principal où se trouvent le magasin et le restaurant étonne par son aspect à la fois rustique et moderne.

VIZCAYA HOUSE

Originaire de Chicago, le riche industriel James Deering (1859-1925) décide de passer ses hivers à Miami. Il commande alors à l'architecte F. Burral Hoffman la construction d'une luxueuse villa au mobilier somptueux, avec 35 pièces et 19 salles de bains où se mêlent différents styles de l'architecture italienne des XVIe et XVIIe siècles. Le résultat fut époustouflant et la Villa Vizcaya – nom basque de la province espagnole de Bizkaia et de la baie de Biscayne –, érigée entre 1915 et 1918, n'a cessé de provoquer l'admiration des visiteurs depuis que l'État de Floride l'acheta en 1955 pour en faire un musée. Les fabuleux jardins, conçus dans les années 1920 par le paysagiste Diego Suárez, se prolongent en terrasses jusqu'à son port privé. Les fontaines y abondent, les symboles de son propriétaire d'origine aussi (hippocampe et caravelle). Une immense barge de pierre en face du quai, ornée de statues représentant des sirènes et des tritons, puis des *palines* ou poteaux d'amarrage à la vénitienne et des obélisques d'inspiration égyptienne servent à protéger la partie basse des jardins des déferlantes. La villa fut choisie pour accueillir la rencontre entre le président Ronald Reagan et le pape Jean-Paul II en 1987.

VOTE EN FLORIDE

Les récentes élections de 2016 donnant la victoire au représentant du parti républicain Donald Trump ont mis en exergue que la Floride est un État clé dans les scrutins. En 2002, la question s'était déjà posée, entre Bush et Al Gore. Avec la Californie, New York et le Texas elle apporte plus d'un quart des grands électeurs. Dans ce système complexe de comptage de voix, ils sont répartis selon les mouvements de population tous les 8-12 ans. Entre 1964 et 2012, l'État le plus méridional est passé de 14 grands électeurs à 29. Son influence s'est donc accrue du fait de sa démographie galopante. C'est la raison de l'intérêt porté par les candidats à la présidentielle aux élections en Floride. Or, le poids de la population latine (16% de l'électorat) est jugé déterminant mais, à l'exception des Cubains* et des Portoricains, il s'agit d'immigrants relativement nouveaux qui n'ont pas obtenu la nationalité américaine ou sont en situation illégale.

Autant dire que le vote des Cubano-Américains dépend des atermoiements et des bras de fer entre Washington et La Havane. C'est pour cela que la Floride fait partie de ce qu'on appelle les *Swing States*, les États qui peuvent basculer dans un camp comme dans l'autre à la dernière minute. La politique de rapprochement du gouvernement d'Obama avec le régime des frères Castro a certainement déplu au vieil exil cubain. Mais, lorsque l'on regarde précisément la carte des résultats de l'élection de novembre 2016, on s'aperçoit que seuls les comtés où se trouvent les villes de Miami, Palm Beach*, Fort Lauderdale*, Orlando* et Tampa* (où vivent la presque totalité des Cubains) ont été remportés par la candidate démocrate...

W

WATER TAXIS

Une façon originale de se déplacer à Fort Lauderdale, l'une des plus grandes marinas des États-Unis, est de prendre un *water taxi* (taxi aquatique), qui remonte la New River jusqu'au centre-ville et à l'Esplanade Park, en desservant treize stations situées au bord de l'eau. C'est la possibilité aussi de jeter un coup d'œil aux demeures colossales des milliardaires poussant sur les îles tout au long de l'Atlantic Intracoastal Waterway et cachées derrière les arbres depuis la route. Ces taxis parcourent tous les jours quatre itinéraires entre 10 heures et 23 heures. La ville, surnommée la Venise de l'Amérique pour son grand nombre de canaux (elle possède à peu près 500 km de voies navigables), est fière de ces *water taxis* qui lui donnent un air de Sérénissime au sein d'une végétation luxuriante.

WILLIAMS, TENNESSEE

Le célèbre auteur d'*Un tramway nommé Désir* a longtemps habité en Floride. En 1941, à l'âge de 30 ans, il s'installe à Key West*. Il y passera de longs séjours jusqu'à sa mort en 1983. C'est d'ailleurs sur cet îlot qu'il écrira, depuis sa chambre dans le Conch Hotel, la pièce de théâtre interprétée à l'écran par un Marlon Brandon inoubliable, ainsi que la pièce à succès *La Ménagerie* *de verre.* En 1950, il achète, au numéro 1431 de la rue Duncan, une maison traditionnelle en bois précédée d'un porche. C'est là que Françoise Sagan, dont la traduction en anglais de *Bonjour tristesse* venait d'être publiée, lui rendit visite. Une exposition permanente, rue Truman, est située à quelques mètres du lieu où habitait Hemingway*.

Moins connue, la demeure de Tennessee Williams à Miami se trouvait dans le quartier de Coconut Grove*, au 3519 de Bayhomes Drives, au bord de la baie de Biscayne. L'écrivain n'y habita guère, et préférait la louer. Au début des années 1980, sa dernière locataire, la journaliste Olga Connor, y créa un salon littéraire où de nombreux écrivains et artistes cubains récemment arrivés par le pont migratoire du Mariel* se retrouvaient. Le lieu n'a pas été conservé et, à sa place, on trouve aujourd'hui un autre bâtiment.

WALT DISNEY WORLD RESORT

Le plus grand réseau de parcs d'attractions au monde, dont la superficie augmente régulièrement, se trouve à Orlando*, dans le centre de la Floride. Il comprend quatre parcs « traditionnels » (Disney Hollywood Studios, Animal Kingdom, Magic Kingdom et Epcot), deux parcs aquatiques (Blizzard Beach et Typhoon Lagoon) et le complexe Wilde World of Sports. Sans oublier le Downtown Disney, où se concentrent les restaurants, les boîtes de nuit et les boutiques de souvenirs.

Magic Kingdom, le cœur du réseau, offre des attractions ayant un rapport avec la géographie et l'histoire des États-Unis. Main Street, par exemple, évoque une rue d'une ville victorienne du début de la colonisation anglaise dans le Nouveau Monde et Frontierland – que l'on peut traverser à bord d'un chariot de mine – reproduit le désert et les villages du Far West dont l'imaginaire a fait le tour du monde grâce aux westerns. Dans la section Adventureland, Pirates des Caraïbes est l'attraction la plus fréquentée car elle s'inspire des films à succès tournés avec l'acteur Johnny Deep. Puis, Fantasyland – duquel émergent les hautes tourelles des châteaux de Cendrillon, du prince Éric et de la Bête – fait plonger dans l'univers de Dumbo, Peter Pan, du Prince Charmant, de la Belle au Bois Dormant et toute la galerie des personnages d'animation qui ont fait la gloire de Disney World. Sans oublier Liberty Square où les 44 présidents nord-américains – Barack Obama inclus – vous attendent au bout d'une balade en bateau à aubes comme ceux que l'on utilisait jadis pour naviguer sur le fleuve Mississippi.

Quant à Epcot, il s'agit d'une cité imaginaire qui réunit dans un même espace quelques villes iconiques de la planète (World Showcace), mais aussi une ville modèle du futur (le Future World). Rien d'étonnant donc que Paris soit représentée par une réplique plus modeste de la tour Eiffel et que l'on puisse déguster croissants et éclairs dans la pâtisserie du pavillon français, mais aussi dîner dans le plus chic et cher restaurant du parc, Le Bistro de Paris. On verra aussi, entre autres, l'Italie avec ses canaux et ses gondoles vénitiennes, le Mexique et sa pyramide maya ou le Japon avec son jardin, sa pagode et une copie d'une demeure de samouraï.

Disney's Hollywood Studios, inauguré en 1898, et Disney's Animal Kingdom complètent la visite de ce parc aux dimensions démesurées. Dans le premier, on peut se balader tout au long du célèbre Sunset Boulevard de Los Angeles, visiter la réplique du Grauman's Chinese Theater ou pénétrer dans la terrifiante Tower of Terror, inspirée de la série télévisée *The Twilight Zone* (en français *La Quatrième Dimension*). Disney's Animal Kingdom, comme son nom l'indique, est un parc animalier qui reproduit différents milieux naturels tels qu'une oasis, une jungle, une savane et un village africain, une campagne asiatique peuplée de véritables tigres du Bengale et même de dragons de l'île indonésienne de Komodo, ainsi qu'un mini Dinoland où un simulateur permet de voyager dans le temps jusqu'à l'âge des dinosaures !

Enfin, Blizzard Beach et Typhoon Lagon (avec le plus grand bassin au monde) sont aussi étonnants. À Blizzard, par exemple, on peut se retrouver dans le décor d'un domaine skiable et descendre en luge le mont Gushmore, artificiellement recouvert de neige. Toboggans et cours d'eau pour faire du rafting, et même un téléphérique emmène au sommet de la montagne de la seule station de ski de la Floride !

Pour les amoureux de la nature à l'état sauvage, Disney a conçu le Fort Wilerness Resort and Campground où l'on peut passer des vacances dans des conditions extrêmes. Pour ceux qui aiment le grand large, la compagnie Disney Cruise Line dispose de quatre paquebots de luxe prêts à partir aux quatre coins du monde.

Plus de 200 000 visiteurs se déplacent chaque jour entre les différentes attractions grâce à un service de navettes et monorails fournis la plupart du temps par les hôtels. Autant savoir que les longues files d'attente seront inévitables pendant toute votre visite dans n'importe quelle attraction.

WOLFSONIAN FOUNDATION

L'une des plus surprenantes collections d'art et d'objets d'art de la Floride a son siège dans un bâtiment de l'avenue Washington (angle 10th Street), à South Miami Beach, en plein quartier Art déco. Elle est constituée de plus de 180 000 objets datant d'une période allant de 1850 à 1950, essentiels pour comprendre l'évolution du dessin dans les domaines du textile, des communications, de l'industrie, du monde de l'impression, du travail du verre et des métaux. À ses débuts, le fond provenait de la collection privée d'objets d'arts décoratifs et de propagande de Mitchell Wolfson Jr., un philanthrope amoureux de sa ville natale. Il fut installé dans un bâtiment de 1927 conçu dans le style Mediterranean Revival*, qui servait à l'origine d'entrepôt, et qui fut rénové et agrandi pour l'accueillir. Malgré la taille de l'édifice, impossible d'exposer la totalité des objets. Ainsi, des expositions temporaires thématiques ont-elles lieu régulièrement. L'institution publie également de façon régulière un excellent catalogue, *The Journal of Decorative and Propaganda Arts*, véritable référence dans le milieu artistique.

WORTH AVENUE

Avec ses commerces au luxe ostentatoire, le carré formé par les avenues Worth, Hibiscus et les rues Mizner, Flora, de Lela et Parigi ne constitue pas seulement le quartier le plus riche de Palm Beach, mais aussi celui de toute la Floride. Auparavant, cette petite ville balnéaire, conçue en 1893 comme un lieu de villégiature pour les riches fuyant les rudes hivers des États du nord, fermait pendant l'été. Aujourd'hui, les boutiques restent ouvertes toute l'année et les chauffeurs de Rolls-Royce tournent en permanence pendant que leurs propriétaires prennent d'assaut les enseignes prestigieuses et les magasins tape-à-l'œil. On remarquera le style hispanique des maisons ainsi que l'Everglades Club, érigé en 1918 par l'héritier des machines à coudre Singer, avec l'aide de l'architecte new-yorkais Addison Mizner.

Y

YBOR CITY

Quartier historique de la ville de Tampa, il deviendra le centre économique de la Floride dès 1885, lorsque l'homme d'affaires cubain Vicente Martínez Ybor y établit la première manufacture de cigares (plus de 150 fabriques en produisaient jusqu'à 500 millions). Le flux d'une population essentiellement constituée d'émigrants cubains, espagnols et siciliens cessera avec la crise de 1929. L'Ybor City State Museum offre un aperçu de la présence des différentes communautés dans la vie économique de la ville, et un exemple de maisonnette en bois où logeaient les premiers émigrés. En parcourant le centre du quartier, on découvre le Tampa Cuban Club (Círculo Cubano), l'une des nombreuses manufactures de cigares où José Martí, héros de l'indépendance cubaine, s'adressa aux rouleurs de tabac pour les inciter à s'engager dans la guerre d'indépendance contre l'Espagne. Sur 7th Avenue, Le Columbia, qui propose de la cuisine cubaine et des spectacles de flamenco, est le restaurant le plus ancien de l'État. El Sol Cigars, inauguré en 1929, est le plus vieux magasin de cigares du quartier, puis sur la Séptima Avenida (appelée ainsi, en espagnol, et cœur névralgique d'Ybor City), se trouvent l'ancien cinéma Ritz, datant de 1917, qui abrite désormais une boîte de nuit, et l'ancienne fabrique de cigares Arturo Fuentes.

YULEE SUGAR MILL

Ancienne plantation de cannes à sucre située à Homosassa (comté de Citrus), Yulee Sugar Mill prit le nom de son ancien propriétaire, le sénateur David Levy Yulee. Le site, classé patrimoine historique de la Floride en 1970, conserve un vieux moulin à vapeur de 1851 encore en fonctionnement, utilisé jadis pour fabriquer le sucre* destiné à ravitailler les soldats confédérés pendant la guerre de Sécession. Le coton, la mélasse pour obtenir du rhum et le citron étaient les produits essentiels pour l'économie de cette ferme de plus de 2 000 hectares où travaillait un millier d'esclaves.

Z

ZOMBIES CANNIBALES

L'origine de cet étrange comportement semble être l'ingestion d'une nouvelle drogue de synthèse baptisée *balth salts* (sels de bain). Un premier cas a défrayé la chronique en mai 2012 lorsque l'on retrouva un homme d'origine haïtienne en train de déchiqueter avec ses dents le visage de sa victime, un sans-abri habitant sous les ponts qui relient le continent à Miami Beach. Les policiers sont confrontés à un spectacle dantesque : le cannibale grognait comme une bête, tenant dans sa bouche des morceaux de chair ensanglantés. La victime survivra, mais perdra un œil et son nez et restera défigurée à vie. Été 2016, à Tequesta, à quelques minutes de Jupiter Beach, un nouveau cas aux conséquences tragiques est rapporté par les médias : un étudiant américain de 19 ans a brutalement attaqué un couple à son domicile. À l'arrivée de la police, il avait déjà mangé le visage de la femme et était en train de dévorer celui du mari. Aucune des deux victimes n'a survécu à l'agression.

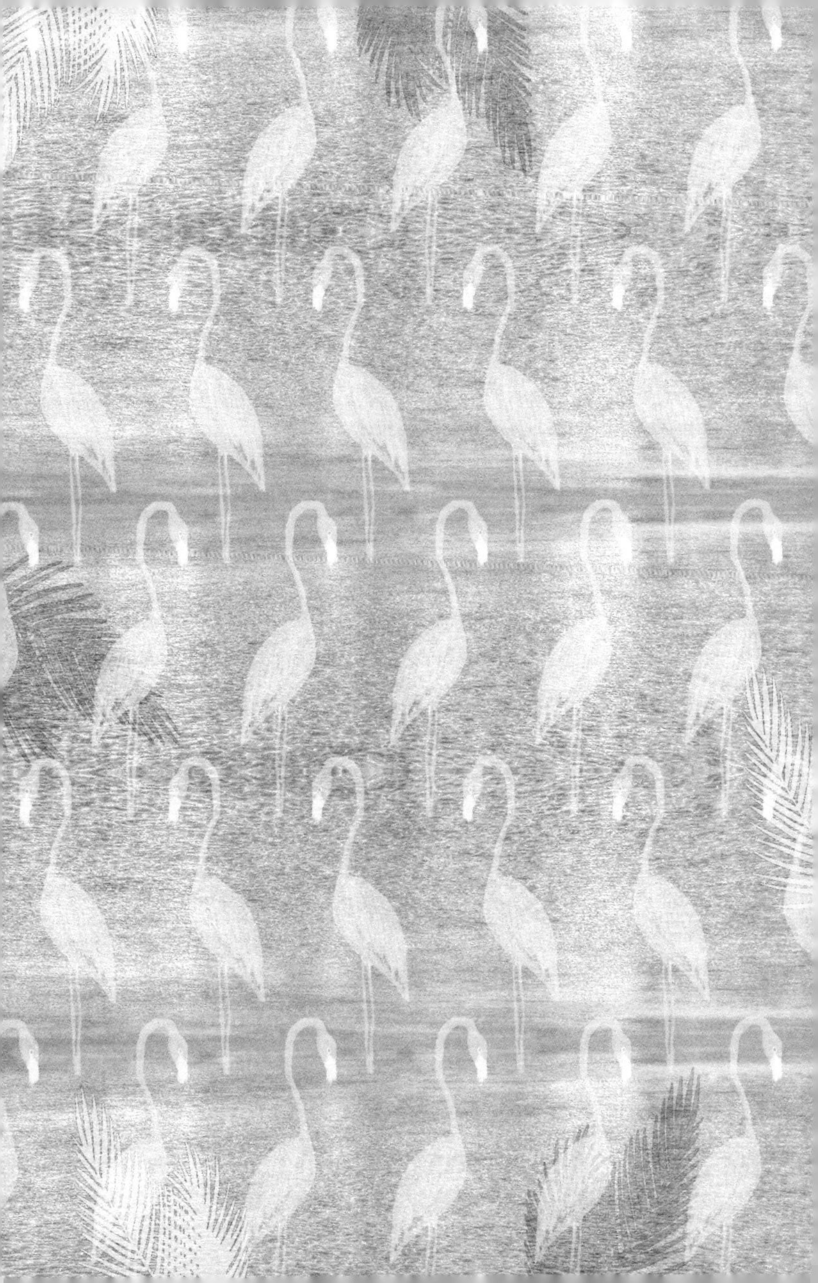

Pour compléter

À LIRE

ATKINS, Ace, *Tampa confidential* (trad. Nathalie Mège), Le Masque. Gangsters siciliens et cubains contrôlent le trafic tenu par la mafia dans la Tampa des années 1950. L'assassinat brutal d'un ancien caïd à la retraite va ébranler l'équilibre du système.

GIRARD-AUGRY, Catherine, *La Floride, une conquête assassinée*, Durand Peyroles. L'épopée des huguenots en Floride, entre 1562 et 1565, romancée d'après l'expédition de René de Laudonnière.

HIAASEN, Carl, *De l'orage dans l'air* (trad. Yves Sarda), Pocket. L'arrivée d'un ouragan fait sortir de leurs cachettes escrocs et voleurs prêts à tout pour tirer profit de la confusion. Un tableau satirique de la société américaine actuelle.

MCGUANE, Thomas, *33 °C à l'ombre* (trad. Claire Malroux), Christian Bourgois. Dans l'univers des marginaux à Key West, un jeune homme cherche à se débarrasser de son addiction à la drogue et rencontre deux excentriques qui l'entraîneront dans des aventures inattendues.

RAWLINGS, MARJORIE KINNAN, *Jody et le faon* (trad. Denise van Moppès), Albin Michel. Un classique sur les années qui suivirent la guerre de Sécession. Une famille s'installe dans une ferme en Floride où Jody tombe sur un cerf malade qu'elle soigne. Une fois rétabli, l'animal mangera les cultures, la famille refuse de le garder...

ROSALES, GUILLERMO, *Mon ange* (trad. Liliane Hasson), Babel. Un écrivain cubain exilé incapable de s'adapter au milieu formel et étriqué de sa famille à Miami est interné dans un asile privé où il sera confronté à un monde hallucinant que personne ne parvient à quitter.

À VOIR

Certains l'aiment chaud, Billy Wilder, 1959. En partie tourné à San Diego, ce classique hollywoodien présente un couple mythique à l'écran, celui de Marilyn Monroe et Tony Curtis, qui se réfugient en Floride.

La Florida, George Mihalka, 1993. Tournée à Hollywood Beach, cette comédie canadienne raconte les péripéties d'une famille québécoise qui a acheté un motel en Floride.

Miami Vice, Michael Mann, 2006. Le premier des films inspirés de la série homonyme des années 1980 où policiers et délinquants s'affrontent violemment dans le milieu marginal de Miami.

Noix de coco, Robert Florey et Josep Santley, 1929. Cette comédie burlesque est sûrement l'un des premiers films à aborder l'un des fléaux de la Floride : la spéculation immobilière à travers un escroc et ses complices qui cherchent à vendre des terrains marécageux à Coconut Grove.

Sex crimes, John McNaughton, 1997. Tourné dans les quartiers huppés de Key Biscayne, Coral Gables, Fort Lauderdale et Miami, ce thriller dévoile le milieu corrompu de la haute bourgeoisie de la Floride.

Scarface, Brian de Palma, 1983. Miami dans les années 1980, au cœur de la pègre latino-américaine liée au trafic de drogue de la ville.

À ÉCOUTER

M.I.A.M.I. (Money Is a Major Issue), Pitbull (2004). Premier album du rappeur d'origine cubaine né à Miami et devenu un pilier solide pour le succès commercial des maisons d'enregistrements. En 2015, il a obtenu son étoile sur le Hollywood Walk of Fame.

Nikki Beach Miami, Miguel Migs & Roman Rosati (2012). Un incontournable de la musique *house* conçue par les DJs de cette célèbre boîte sur le sable de Miami Beach.

Primitive love, Miami Sound Machine (1985). Premier succès planétaire de la chanteuse Gloria Estefan et de son groupe avec lequel elle enregistra le morceau *Conga*, véritable origine du son anglo-latino de Miami.

South Beach, Willy Chirino (1993). Dix-septième album de ce compositeur et chanteur cubano-américain reconnu dans l'univers de la musique latino comme l'un des plus grands musiciens du « Miami sound ».

Remerciements

L'auteur souhaite remercier sa famille et ses amis à Miami qui l'ont accueilli tout au long de ces dernières vingt années, et lui ont montré des lieux et d'autres aspects de leur terre d'adoption : Elida Hernández, Ramón Martell, María Caridad González, Luis Ruiz, Ivelín Giró, Yahima Giró, Juan Carlos Giró, Juana Cortiñas, Humberto Calzada, Juan Cueto-Roig, Olga Connor, Daniel Fernández, Irela Ferrer, Lis Ferrer, Martha Ramos-Sicilia et Karen Fryd.

Dépôt légal : avril 2017
Imprimé en Espagne